英語研究のバックロード

稲積包昭 著

開文社出版

はしがき

　本書は、これまでに、大学の紀要、研究会誌、英語教育雑誌、その他に発表した、論文、講義録、エッセイの中から選んで、一冊にまとめたものである。英語学研究の分野に属するものを、第一部「英語研究の"メーンストリート"」、教室での授業体験から生まれたものを、第二部「英語研究の"バックロード"」の二部構成にした。それぞれへの加筆・修正は最少にし、後に見つかった誤字・誤植のみにとどめてある。発表時の研究への関心・興味や英語学界の研究動向から触発されて書かれたものであり、現在の視点からあらたに書き直しても意味がないと考えたからである。本書のタイトルになっている『英語研究のバックロード』の第二部が全体の三分の一と、分量的に少ないことに疑問を持たれる読者もおられるかと思うが、第二部に収めたものの多くは、受験生時代に愛読し、いつかは自分の書いた記事が出ることを夢みていた、『百万人の英語』をはじめとする英語学習雑誌の編集部からの依頼原稿であり、ことのほか愛着があるという、いささか個人的な理由を優先した結果からである。ついでながら、本書に、"メーンストリート"や"バックロード"という道の用語を採ったのは、少々、我田引水になるが、次のような理由による。アメリカ、ニューイングランド地方に、市（city）でもなければ村（village）でもない、この地方独特の行政区であるタウン（town）がある。その大通り（main street）からそれた、わき道あるいはそれに続く裏道（back road）には、寂れてはいるが、昔のアメリカのたたずまいを残した風景を見つけることができる。ここ

にこれまでの自分の英語研究の姿を見たからである。英語のタイトルをつけるとすれば、*Main Streets and Back Roads of English* ではなかろうかと思い、書名とした。

　ところで、本書に収められたものの中で最も古い、PART II の"高校における変形文法応用の効果"（1970）と次の"指導技術再評価の変形理論"（1971）を書くことになったのは、語学教育研究所主催の 1969 年度語学教育研究大会―変形文法と英語教育―のシンポジウム（立教大学、10 月）において、変形文法による英語授業の実践体験を高校側の発言者として発表したことが、『現代英語教育』（研究社）の編集部の目に留まったためであったろうと推測される。その前年の 4 月から、東京大学教育学部附属中学・高等学校の非常勤講師に採用され、同校で高等学校英文法を、大学で勉強していた変形文法理論に基づいて、体系的に教えようという、今から思えば無謀な、生徒にとってはありがた迷惑どころではない、実験授業をさせていただいていた。同校から立教大学教授に転出された伊藤健三先生から、シンポジウムの発言者の一人として推薦されたときは、座長に、太田　朗教授（東京教育大学）、発言者として他に、外山滋比古教授（お茶の水女子大学）、斉藤武生教授（静岡大学）と、先生方のお名前を聞いただけで、参加をためらった記憶がある。しかし、伊藤先生に励まされ、当日のシンポジウムを無事終えることが出来た。"指導技術再評価の変形理論"は、『現代英語教育』（1971 年 7 月号）で、静岡大学教授鳥居次好先生が中心となって、"変形文法の英語教育への応用―現状と将来―"をテーマとする特集が組まれ、その中の企画の一つで、このテーマ

についての中学・高校英語科教員へのアンケートに答えたものである。1972年3月まで大学院生の身分であって、専任の教師ではなかったのに、英語科教員の高校代表のようにふるまった、身の程知らずの時代の産物ではあるが、1970年代の英語教育界の熱気をいくぶんかでも伝えられるのではないかと思い、入れた。

　その他の論文やエッセイについて、一つ一つコメントをする紙数はないが、前述したように、PART Iには、英語研究を志して以来、その時々の関心と興味の赴くままに、研究テーマを見つけ、先行論文を読み、カードを取り、取ったカードを畳の上に広げてパターンごとに分類してまとめていくという、"家内工業的"な手法で書き上げたものが多い。富山大学文理学部専任講師時代にロジャー・アスカム（Roger Ascham）の英語の動名詞の記述研究にとりかかり、その後、神戸大学に転任し、同大学教養部紀要、『論集』に書いたのが、"Roger Aschamの英語— Infinitives —"である。この論文は、『英語年鑑1979』（研究社）の小野茂先生ご担当の「英語史研究の回顧と展望」で、"稲積氏は、A.C.Partridgeの主張にもかかわらず、Aschamにおける不定詞の用法が現代英語のそれに非常に近いことをあきらかにし、"（『英語史研究室』、小野茂著、南雲堂、1990）と、取り上げてくださった。どのように研究を進めていくべきか迷っていた時期であり、『英語年鑑』でこの数行を見つけたときの感激は今日でも鮮明に覚えている。

　それ以来、神戸大学教養部の自由な研究環境の中、関係代名詞研究、メルヴィルの英語文体研究、言語コミュニケーショ

ン研究、竹原常太研究と英語研究のストリートを歩いてきた。メーンストリートに落ちつく間もなく、気がつけばいつの間にかバックロードの魅力に取り憑かれわき道にそれ、そこについ長居をしてしまうという自由気ままな"旅"のくり返しであった。

　さて、本書がこのようなかたちで出版可能になったのは、大手前大学交流文化研究所の出版助成のおかげである。大手前大学ならびに交流文化研究所の所長、そして所員の先生がたに厚くお礼申し上げる。とくに、『メルヴィル・レキシコン』出版以来今日まで、暖かく見守り御指導くださった、交流文化研究所前所長、大手前大学前理事長（現名誉総長）福井秀加先生には言葉では言い尽くせない深い感謝の念でいっぱいである。

　最後に、本書の出版を引き受けてくださった、開文社出版社長安居洋一氏への感謝の気持ちを表することも忘れてはならない。これまで、多くの仕事をさせていただいたが、この間、原稿の締め切りや校正で迷惑をおかけしたことは枚挙にいとまがない。今回もまた、その例外ではなく、はらはらいらいらさせどおしであった。怠慢を謝罪するとともに、あらためて感謝申し上げる次第である。

2008 年 3 月

　　　　　　　　蕾もほころび始めたさくら夙川キャンパスにて
　　　　　　　　　　　　　　　　稲　積　包　昭

目　次

はしがき iii

PART I　英語研究の"メーンストリート"

1. コミュニケーション研究とアイデンティティの問題
   3
2. 米国の大学図書館で考えたこと 10
3. メルヴィルとボストン版シェークスピア全集
   ―アメリカ出版文化小論― 13
4. メルヴィルの複合語について 44
5. 『スタンダード和英大辞典』と編者者竹原常太
   ―英米文化の受容と日本― 73
6. 固有名詞を先行詞とする関係詞節
   ―序論― 113
7. 関係詞節の用法に関する覚え書き 131
8. Ascham の英語―関係詞節構造― 145
9. Roger Ascham の英語―Infinitives― 167

PART II　英語研究の"バックロード"

1. 関係詞―Who, Which の 2 用法 193
2. 語彙は英語 4 技能の土台である 196
3. 指導技術再評価の変形文法理論 208
4. 高校における変形文法応用の効果 210
5. if がなくても"仮定法" 213
6. からだの英語 224

7.	英語・日本語	236
8.	ある同格表現について	239
9.	英語と同語反復	242
10.	動作表現の意味	245
11.	"We are a B" 表現について	248
12.	日・英語句読点についての一考察	251
13.	大文字と強調	254
14.	通帳からお金を引き出す話	257
15.	どう違うの？ cow, bull, ox	260
16.	なんと"ヤキトリ"が英語だって！ —英語になった日本語あれこれ—	265
17.	"ハクション"は英語で Ah-choo —"音"を表す英語いろいろ—	271
18.	「五月晴れ」英語で言うと…	277
19.	英会話で使われる天気表現	283
20.	キリスト教用語あれこれ	288
21.	スコット・キング氏とアスカム	291

初出一覧 293

PART I
英語研究の"メーンストリート"

1. コミュニケーション研究とアイデンティティの問題

　アメリカで 1988 年の秋に出版されてたちまちベストセラーとなり、今日にいたってもなお本国ばかりでなく広く世界にも多くの読者を持つ、ロバート・フルガムのエッセイ集、*All I Really Need to Know I Learned in Kindergarten*（『人生に必要な知恵はすべて幼稚園の砂場で学んだ』池　央耿訳、河出書房新社、1990 年）は過剰な情報に自己の姿を見失った現代のわれわれに、素朴で素直な子供の心を持ってもう一度自分の身の回りの生活や現代社会を見つめ直すことによって、人間らしい生き方が可能なことを新鮮な発想と、いかなる権威にも影響されない自由な観察力とに満ちた文章で教えてくれる。例えば、筆者は輸入雑貨屋で子供の玩具や壁の装飾品として売られている"そろばん"に人間のもつ素朴な能力がコンピュータ時代の今日でもなお健在であることのすばらしさに感動するかとおもえば、アメリカのどんなスーパーマーケットやドラッグストアーにでも売られているクレヨンに、世界から戦争をなくすための"武器"としての使用法を思いつき、この世から戦争の悲劇を終らせることのできない人間の愚かさを嘆くといった具合である。しかし、この小文において扱うのはクレヨンの武器としての使用についてではなく、以下の引用文をきっかけにして外国文化接触と日本人のありかたの一つの例を考えて見ようとするためである。

The Binney Company in Pennsylvania makes about two billion of these oleaginous sticks of pleasure every year and exports them to every country in the United Nations. Crayolas are one of the few things the human race has in common. That green-and-yellow box hasn't changed since 1937. In fact, the only change has been to rename the "flesh" color "peach". That's a sign of progress. P.49（ペンシルヴァニア州のビニー社はこの油性棒状画材をクレイオラの名で年間二十億本生産し、全国連加盟国に輸出している。クレイオラは全人類が共通に使用している数少ないものの一つである。緑と黄色の箱も1937年以来変わっていない。ただ一つ、「肌色」という色の名前が「桃色」に変わっただけで、これは進歩のしるしである。池　央耿訳）

　わが国においてもデパートや大きな文具店で見かけられるようになったクレヨンのクレイオラであるが、フルガム氏は肌色の名称が桃色に変わったことが1937年以来の唯一の変化であり、またこれは進歩のしるしであるとする。私は大学の教養課程の学生を対象に本書の教科書版[1]を教室で読んできたが、いつも上記引用箇所に来ると学生に "That's a sign of progress." とあるが、どんな進歩のしるしなのか質問してきた。どのような見方に立つものであれ、答えとしての体裁をなすと言えるものはいつの場合にも得られていない。多人種国家であるアメリカ合衆国を念頭においた人権尊重内容の答が簡単にでてくるものと最初のうちは予想していたし、またそのように答えてくれればそれでいいのではないかと思っ

ていたが、学生の反応ぶりから、英和辞典に与えられている"flesh"の意味「肌」からだけでは"peach"へ変更することの背後にある強者優越思想とそれが言語におよぼしてきた力への反省の認識なしにはこの変更が"進歩"を意味することへの理解に到達し得ないことを痛感させられた。なぜならば、英語の"flesh"は肌色について、"The color of the flesh (of a white human being) as seen through the skin; usually employed to denote a tint composed of a light pink with a little yellow."（OED 2nd. s. v. flesh-colour）、あるいは"the typical color of a white person's skin; yellowish pink."（WNWD 3rd, s. v. flesh）のようにはっきりと、「白人の肌の色」としてこの語が使われてきたことを示しているからである。英米文化圏において、"flesh"は「人」の肌の色ではないわけである。

ところで、たまたま、"差別を感じる日本の「肌色」"と題するアメリカ、ニュージャージー州在住の主婦の投書文を朝日新聞紙上の「声」に見つけた。

　アメリカに住んで三年になります。住み始めてすぐのころ、日本から持ってきたクレヨンの中に、肌色という色を見つけ、これはおかしいと思いました。日本では何の疑問も持たなかったことです。当時、三歳の子供に説明して「肌色」という言葉の意味を修正しようとしましたが、クレヨンに書いてある以上、「ママー、肌色のクレヨンがなくなったけど知らない」と子供の口からは自然に出てきます。今ではこちらで買ったクレヨンを使っているので、その言葉もきかれな

くなりましたが、日本の子供たちは今でもこの色のクレヨンを使っているのでしょうか。[2]

— 中略 —

せめてクレヨンの肌色は廃止し、子供たちにも世界中には、いろいろな肌の色の人が住んでいること、そして、その人たちには何の優劣もないことを教えてあげたいものです。
—朝日新聞（大阪）朝刊、1990年12月2日—

省略した箇所で投書者は、日本において人種的な教育がなされてこなかったけれども外国との交流がひんぱんになった今日、人種問題を子供のうちから取り上げ、教育することの必要性を述べている。全体として、まさに上記フルガム氏の"進歩"の意味を説明して余りある内容となっていると思う。外国に生活し、異文化に接して自国の文化を見直す一つの典型的な例を見事に教えてくれていると言えよう。しかしここでは上記投書文中の一点にしぼり、日本人の異文化接触に対する受容のあり方について述べ、外国語教育とコミュニケーション論の古くて新しい問題に検討を加えてみたい。

投書者は引用の後半部において、"せめてクレヨンの肌色は廃止し、…"と述べている。もちろんこれは肌色という名前を日本のクレヨンから廃止すべきであるということであろう。フルガム氏によればアメリカのビニー社は"flesh"を"peach"に変えた。上で見てきたように、英米における"flesh"の使われ方の状況からすればこれは「進歩」と理解していいであろう。しかし、わが国においてはどうであろうか。肌色とは「人間の肌の色。それに似せた色」（『日本語大

辞典』、講談社）である。すなわち日本語の肌色はいわば関数 $f(x)$ と考えられているのではないだろうか。(x) に世界のさまざまな人間（人種）を入れることによって得られる結果をわれわれは肌の色として受け入れている。x = Japanese としてわれわれは日本人の肌の色を理解する。変数 "x" によって世界の人間にさまざまな肌色があることを認識できる。肌色は人間が決まらなければどんな色になるのか決まらない。語、肌色には一人種の優劣はない。以上が肌色についての日本人の一般認識ではないであろうか。と、するならば肌色の名前を日本のクレヨンから消す必要はないと考えられる。さまざまな肌の色をもつ人間（人種）がいることと肌色という語をなくさねばならないということにはならないと思う。しかし、この主旨は投書者の意図とは関係がない。異文化の中での（進歩的？）変化がそのまま自国の文化において必要とされるか疑問であると言う主張のための例として引用したことを断っておきたい。異文化接触がコミュニケーションという流行語によって軽くイメージされ、外国文化のものまねと勘違いされがちな風潮の中、自国文化に対するわれわれ日本人の自信のなさを思わざるをえない。

　ところで、カリフォルニア大学リバーサイド校、昌子・石井・クンツ助教授は留学や仕事で米国に滞在したことのある日本人は、一度帰国しても永住するために再び米国に帰ってくるという傾向が強いという調査結果を報告している。（羅府新報、[3] 1991 年 12 月 10 日号）

　こういう傾向（いわゆる U ターン現象[4]）について、上記羅府新報において同じくクンツ助教授は特に留学、派遣など

で米国に長く滞在し、「アメリカナイズ」されると、子供を
はじめ、外人扱いされて日本の社会に溶けこめなくなってい
るからではないかとしている。また、日本企業の中には、社
員を米国に派遣する前にセミナーを催し、「いかに日本人ら
しさを保ち、アメリカに毒されずにいるか」を手ほどきする
ところもあることをあげている。

　これもまた異文化に接する日本人の受容の一つの姿を示す
事例ではないだろうか。日本の国際化が叫ばれている今日、
「アメリカナイズ」＝"国際人"ではないはずである。だか
らといって、「日本人らしさ」がコミュニケーションにおけ
るアイデンティティとはそれこそ"同一視"したくはないが、
わが国においてコミュニケーション論研究を進めていくに際
して、まず考慮しなければならない基本的な問題ではないか
と思い取り上げた。

注

1．同名タイトル、稲積、森本　共編注、松柏社、1991年
2．この投書読後、ためしに日本における実状を調べたがS・クレパ
　　スは「肌色」名を使用していた。
3．羅府新報は1903年創刊の日英両語による海外日系新聞で、全米
　　はもとより、カナダ・メキシコにも多くの購読者を持っている。
4．一度米国で生活した後、日本の習慣にとけ込むことができな
　　かったり、学校や職場での仲間はずれ・いじめから米国にUター
　　ンする現象について、江戸時代にさかのぼっての日本の家族制度・
　　教育制度、さらに明治期以後の国際感覚の欠如したままの社会構
　　造の成立にその原因を求める研究発表がボストン大学教授、M. I.

Whiteによってなされている。1991年11月22日、ニューハンプシャー大学にて。

参考文献

阿部美哉著、『大学の国際文化学』玉川大学出版部、1989年
阿部美哉編、『国際文化学と英語教育』玉川大学出版部、1992年
北村和之著、『増補版　大学教育の国際化』玉川大学出版部、1989年
福原麟太郎著、『日本の英語』(研究社選書) 研究社、1958年
Fulghum, Robert, *All I Really Need to Know I Learned in Kindergarten*, Grafton Books, Special overseas edition, 1989.
OED 2nd, *The Oxford English Dictionary*, *New Editoin*, 1989.
White, Merry I., "Learning in Japan: Community and Competition", Proceedings of 1988 Benedum Lecture Series, ed. by Bernard R. Cooper, West Virginia University. 1988.
――― "Changing Values in Japan"(mimeograph), The New Hampshire International Seminar, Center for International Perspectives, University of New Hampshire, 1991.
WNWD 3rd, *Webster's New World Dictionary, Third College Edition*, 1988.

2. 米国の大学図書館で考えたこと

　4年に一度だけ全米の、いや少し大袈裟に言えば、全世界の注目を浴びる州があります。大統領選挙の結果に大きな影響を与えると言われている予備選の口火を切る、普段はほとんど経済的にも政治的にも話題になることがない、米国東部にあるニューハンプシャー州です。そしてそこの小さな町、ダラム（Durham）にあるニューハンプシャー大学（UNH）の図書館での経験から日本の大学図書館の稀覯書のインターライブラリー・ローン（interlibrary loan）制度について考えてみました。

　ところで、19世紀アメリカの作家ハーマン・メルヴィルは、代表作である、Moby-Dick（『白鯨』）の前に、4本の冒険小説を書いています。脱走水夫として南太平洋の島々で体験した数奇な出来事を描いたものです。南洋の島々での脱走、捕虜生活、自国の軍艦による救助までをそれぞれあつかった作品は、"冒険物語"として当時のアメリカ人読者に歓迎されました。ところがそのあとに発表された『白鯨』は、白鯨に片足をかみ取られ、復讐の鬼となった船長と Moby-Dick と呼ばれた巨大鯨との3日間にわたる死闘を描いた雄大な海の"叙事詩"ですが、寓意に満ち、それ以前の作品とは全く異なるものになっています。単なる海洋冒険物語作家から、今日世界の十大小説の一つとして高く評価されるこの作品を描くにいたった変化は何だったのか。メルヴィル研究者はその謎を解こうとして奮闘しています。シェークスピアが作品

の内容面に与えた思想的・哲学的影響についてはかなり早くから指摘されていますが、作品中に多く用いられた新造語、古語、ハイフン付き複合語など文体面における特徴が彼独自のものなのか、あるいは多くの読書による影響によるものなのかについては未だ本格的な研究はなされていません。メルヴィルが愛読した『シェークスピア全集』(1837 年、ボストン発行)は彼の死後、遺族によってハーバード大学・ホートン・ライブラリーに寄贈されています。1985 年、UNH 研修中に同図書館を訪ねましたが、稀覯書中の稀覯書ということで閲覧を許可されませんでした。シェークスピアの影響は文学的な面だけでなく、文体的にもこの全集によるものではないかと思っていた私は先ずこの全集に用いられているハイフン付き複合語を全部調べ上げ、次に『白鯨』以前の作品中のハイフン付き複合語と『白鯨』中のそれとの異同を比較する計画を立てました。それにはどうしても 1837 年版を直接調べる必要があります。

1991 年、再び UNH で研修中、インターライブラリー・ローンという制度があり、全米の大学図書館の蔵書を借り出すことが出来ることを知りました。(もちろん、こういう制度は日本の大学図書館の間でも実行されていますし、稀覯書であっても直接所蔵する図書館に行けば閲覧することは可能です。ただし、近在の図書館ならいざ知らず、遠い沖縄や北海道の図書館に閲覧に行くだけでも大変なところなのに各巻平均 700 ページ、全 7 巻を調べるには一日、二日の作業というわけにはいきません。) UNH の図書館の担当者に研究の目的と『全集』の借り出しを相談したところ、先ず、この『全

集』がどこの図書館に現存するのか直ぐにコンピュータ検索で調べてくれ、（私の記憶に間違いがなければ）、全米にホートン・ライブラリーを含めて4セットあること、しかしその全ての図書館が館外貸し出しができない本に分類されているとのことでした。その知らせにがっかりするとその担当者は、あなたは1837年版に拘っているがこれは第2版であって、実は1836年に出版された初版が検索の結果、メーン州のBowdoin Collegeにあるからこれでもいいならトライしてみようと言って、同大学図書館に頼んでくれました。結果はOK。一週間後に送られてきました。貸し出し期間は2週間、複写・館外持ち出し禁止、図書館内の指定された場所での係員監視のもとでの閲覧という条件付きでした。この制度のおかげで遠くまで行くことも、何日もホテルに泊まることもなく作業を終えることができ、この制度と両図書館にたいして深く感謝した次第です。

　さて、神戸大学をはじめとして、我が国の多くの図書館には稀覯書の利用者への提供の仕方、稀覯（貴重）書の扱いに関して、まだアメリカの大学図書館で行われているようなインターライブラリー・ローン制度が確立されていないようです。時間的・経済的理由のために利用できない稀覯書、普通の本と全く同じ扱いを受け、複写などで傷んでいく貴重書、美術骨董品扱いをされて利用に供されない稀覯書、等々、貴重な本の保存と有効利用のための"interlibrary loan"制度の必要性とその制度充実を痛感しています。

3. メルヴィルとボストン版シェークスピア全集
—アメリカ出版文化小論—[1]

I. 序

　前野繁氏との共編著、*A Melville Lexicon*（Kaibun-sha Shuppan, 1984）において、編著者の目的の一つは19世紀アメリカ作家、ハーマン・メルヴィルが作品中に使用した新造語、古語、廃語の復活使用など、メルヴィル英語の特徴と思われる語(句)を集め、意義を与えたことである。特に重点を置いたのがオックスフォード英語大辞典(*The Oxford English Dictionary*、以後 OED と表記)に採録されていないハイフン付き複合語の構造型による分類を提示し、メルヴィルがいかに多彩なタイプの複合語を作品において用いたかを明らかにしようと試みたことである。しかしながら、ここで用いられている複合語の型や複合語の種類がたとえ OED に採録されていないにせよ、それがメルヴィル特有の言語感覚によるものなのか、あるいは19世紀アメリカ英語の語法や文体と共通するものなのかまでは明らかにすることはできなかった。すなわち、レキシコンにおいて示したメルヴィル初出語は彼に帰すものであるが、複合語形成方法が彼の独創力に基づくものであり、さらにそれ以後のアメリカ英語の文体に大きな影響を与えたという功績を彼に帰してよいものであるかどうかを断定する材料をレキシコン制作時に我々は持ち合わせていなかった。[2]

ところで、James Mark Purcell はメルヴィルの英語の特徴について次のように指摘している。

> "The reader who turns to Herman Melville's works for the first time is likely to be struck by his many strange words and strange usages. This strangeness is not only because they come from the vocabularies of seamen and life in the southern Pacific, but also because many of them are forgotten Americanisms of revivals of Elizabethan and seventeenth century English terms. Melville seems to have had a notable memory for words. I have no doubt that if a comparison were made it would be found that he possessed one of the most individualized vocabularies among American writers of the nineteenth century, and that his influence has tended to preserve or revive many words which otherwise might have disappeared from American, and even English, usage. ("Melville's Contribution to English," *PMLA* LVI: 797-808)

Purcell はメルヴィルのアメリカ英語への貢献を非常に評価しているわけであるが、メルヴィルが 19 世紀アメリカ作家の中で特徴ある英語使用者であった理由として初期近代英語の影響を受けていたことを示唆している。ミルトンやトーマス・ブラウン、スペンサーら、英国 17 世紀の作家や詩人の作品から影響を受けていたことは Merton M. Sealts, Jr. の

優れた著作である *Melville's Reading* や Mary K. Bercaw の *Melville's Sources* から知ることはできる。特に前者の *Melville's Reading* はメルヴィルの知的精神形成の発達過程を知ることのできる基本文献で、Sealts は 1940 年代に、メルヴィルが所有していた書籍、友人や図書館から借りた書籍をリストアップするという研究調査を行いそれを発表、1988 年版においては、メルヴィルが作品執筆時、どのような本を読んでいた（所有しているもの、借りた本を含めて）かを証拠の材料とともに付け加えたものである。後者の *Melville's Sources* は（1）メルヴィルの題材研究、（2）メルヴィルの作品材料のソース、（3）研究リスト、からなる。前者との違いは、前者はただメルヴィルが所有していたり、借りた事実を明らかにしただけで、実際にそれらの書籍を読んだのか、彼の作品にどのように具体化されたのかまでは示していない（借りた事実があっても自分のためではなく、家族のためであったかもしれない）。また、引用や言及、ほのめかし等、不正確なソースは除外されている。しかし、所有や借り出しの事実がなくても彼の作品の重要なソースとなっているものはあり、後者はこれを無視することはできないという観点からメルヴィルの蔵書の調査が特徴となっている。シェークスピアについては文学・思想上大きな影響をメルヴィルが受けたに違いないことはよく知られている。その証拠として示されているのが友人の Evert Duyckinck にあてた手紙である。シェークスピア全集を入手したこと、シェークスピアのすばらしさを次のように書き送っている。[3]

"Melville to Evert Duyckinck:

[Boston] Feb 24th [1849]

Dear Duyckinck: Thank you for satisfying my curiosity. Mr. Butler's a genius, but between you & me, I have a presentment that he never will surprise me more. — I have been passing my time very pleasantly here. But chiefly in lounging on a sofa (a la the poet Gray) & reading Shakespeare. It is an edition in glorious great type, every letter whereof is a soldier, & the top of every "t" like a musket barrel. Dolt & ass that I am I have lived more than 29 years, & until a few days ago, never made close acquaintance with the divine William. Ah, he's full of sermons-on-the-mount, and gentle, aye, almost as Jesus. I take such men to be inspired. I fancy that this moment Shakespeare in heaven ranks with Gabriel Raphael and Michael. And if another Messiah ever comes twill be in Shakespeare's person. — I am mad to think how minute a cause has prevented me hitherto from reading Shakespeare. But until now, any copy that was come-atable to me, happened to be in vile small print unendurable to my eyes which are tender as young sparrows. But chancing to fall in with this glorious edition, I now exult over it, page after page. — （略） —

My respects to Mrs. Duyckinck & your brother. Yours

H Melville"

この手紙の中で触れられているシェークスピア全集については次章で検討したい。

Ⅱ．アメリカにおける「シェークスピア全集」出版の歴史

Ⅱ．1．シェークスピアと初期アメリカ時代

　早い時代からアメリカでは学校のカリキュラムでシェークスピアが教えられたので、子供たちはシェークスピアについて知識があったという。19世紀初めに作られたアメリカにおける最初の国語の教科書には、*Julius Caesar*、*Hamlet*、*Othello*、*The Merchant of Venice* や *As You Like It* といったシェークスピアの作品が採られていた。初期の代表的なこれらの教科書（読本）は、小学校低学年レベルにもシェークスピアを導入していたが、作品からの選択は主として道徳教育の目的と英語の朗読ならびに表現の暗記のためであったという。その後、朗読は黙読に変えられていったが子供たちが学校においてシェークスピアを多く読まされたことは間違いない。シェークスピアは学校や大学での教育からアメリカに定着したと言える。この項に関して我々は次に示す文献によって知ることができる。

1）Dunn, Esther Cloudman. *Shakespeare in America*, The Macmillan Company, New York, 1939.
2）Falk, Robert. "Shakespeare in America: A Survey to 1900". *Shakespeare Survey* 18, 1965.
3）Westfall, Alfred Van Rensselaer. *American*

Shakespearean Criticism 1607-1865, Benjamin Blom, New York. 1968. (First published in 1939)

　早くからアメリカにおいて名文句の便利な種本として、あるいはエロチックな表現が大学生のノートに書き込まれて秘かな"娯楽本"として、あるいはシェークスピアの作品の"さわり"の部分を集めた印刷物が人々の手に渡るという方法で浸透していった事実もあるが、次第に文学作品として、あるいは文学研究の学問的対象としてシェークスピアが取り上げられ、読まれるようになっていった。19世紀中頃になると異常なほどの好まれ方であったという。シェークスピアは19世紀アメリカの偉大な知識人であるエマソンと詩人のホイットマンの二人によって最も多く引用された。もちろん、二人のシェークスピアに対するイメージは全く異なるとともに、エマソンと他のニューイングランド作家（例えばヘンリー・ソロー）の間でも評価の相違が見られたという。[4]

II．2．アメリカ版「シェークスピア全集」出版の歴史

　メルヴィルがシェークスピアをいつ頃から読み始めたのかについてはよく知られていないが、すでに述べたように19世紀初めには学校でシェークスピアが教材として扱われていた。1819年生まれのメルヴィルが幼年期にシェークスピアの名前を知っていたとしてもおかしくない。しかしながら、メルヴィルがシェークスピアを本格的に読み出して大きな影響を受けたのは本稿でボストン版シェークスピア全集と仮に呼ぶ、*The Dramatic Works of William Shakespeare*; with a Life of the Poet, and Notes, Original and Selected. Boston, Hilliard, Gray, 1837. 7 volumes であることは、これもすでに示した Evert Duyckinck 宛の有名な手紙から推測できる。[5] ここではこのボストン版について入るまえに、アメリカにおけるシェークスピア全集の出版の歴史を主として、Jane Sherzer の論文 "American Editions of Shakespeare" (*PMLA* XXII: n.s.: XV: 633-96, 1907) を参考に見ていこうと思う。[6]

(1) *The Plays and Poems of William Shakespeare.* Corrected from the latest and best London editions, with notes, by Samuel Johnson, LL.D., to which are added, a Glossary and the Life of the author. Embellished with a striking likeness from the collection of His Grace the Duke of Chandos. First American Edition. Philadelphia: Printed and sold by Bioren & Madan. 1795." 8 vols.

アメリカ最初のシェークスピア版とあるように、イギリス本国以外で印刷された最初の版であると、Westfall は指摘している。元版は 1785 年出版の Johnson-Steevens-Reed 版に基づくが語、句読点、正書法などにおいて多くの改変が加えられている。[7] *Romeo and Juliet* をテクスト照合してみると、297 カ所に相違がみられ、このうち 247 カ所が句読点、41 カ所において主としてスペリングの現代化、5 カ所において語の置き換え、等々があると Westfall は指摘したあと、

アメリカ最初のシェークスピア全集は1791年にSamuel Ayscoughによって編集されたDublin Royal Editionに基づくものであろうとしている。[8]

(2) *The Dramatic Works of William Shakespeare*; With the Life of the Author. Printed by Munroe & Francis. Boston. 1802-1804.

第二番目にあたるシェークスピア全集で、1792年に小型8巻本としてW. Gordonらによる Edinburgh Editionのリプリント版でボストンで出版された。第1号ボストン版シェークスピア全集と呼ばれている。元版は1773年に出版された Johnson-Steevens版に若干の改変を加えたものであるという。第2号ボストン版は1807年に同じ出版者で続いて刊行されている。第1号ボストン版に詩編の一巻を加えた全9巻本である。

(3) *The Works of William Shakespeare*. In 9 v. With the corrections and illustrations of Johnson, Steevens, and others, revised by Ⅰ. Reed. 3rd Boston, from the 5th London edition. Boston: Munroe, Francis and Parker, 1810-12. Portrait. Illustrated. Contents1-8. Same as in the first edition. 9. Pericles; Illustrations and notes; Poems.

第3号ボストン版全集で、アメリカにおける最初の挿し絵入り版である。Reed版の正確なリプリントを第一の目的に

している。

（4）*The Plays of William Shakespeare*. In seventeen volumes. With the corrections and illustrations of various commentators. To which are added, notes, by Samuel Johnson and George Steevens. Revised and augmented by Isaac Reed, Esq. with a glossarial index. C. and A. Conrad & Co. Philadelphia, 1809.

　この版は Reed の Variorum（1803）にいくつかの改変を加えて出版したもので、編者は Joseph Dennie である。この版と Reed（1803）とを、*Richard Ⅲ*のテクストで照合すると、句読法、正書法、固有名詞の縮約、語の置換など多くの変更が見られるという。

（5）*The Plays of William Shakespeare*. In six volumes. Printed from the text of Isaac Reed, Esq. Boston: Published by Charles Williams; and by Joseph Delaplaine, Philadelphia. J. T. Buckingham, Printer, 1813.

（6）*The Plays of William Shakespeare*. Complete in one volume. Accurately printed from the text of Isaac Reed, Esq. Boston: Published by Charles Williams; and by Joseph Delaplaine, Philadelphia. Joseph T. Buckingham, Printer, 1813.

1813年にボストンで出版された同じ出版者による、同じ活字の版である。Reed (1803) の忠実なリプリントと銘打っているがこれも句読法、正書法、固有名詞の縮約などにおいて多くの変更が見られるという。

(7) *The Dramatic Works of William Shakespeare*, Revised by I. Reed, Esq. New York: H. Durell 10 vols. 8 vo. 1817-18.

(8) *The dramatic works of William Shakespeare* in 10 v. With the corrections and illustrations of Johnson, Steevens, and others. Revised by I. Reed, New York: Collins and Hannay, 1821.

　上記2つの版はニューヨークで出版されたシェークスピア全集で、同じ版が1823, 1824, 1826年と出版されている。1823年版をReed版と照合した結果によれば、句読法、正書法、等々において180カ所以上の変更が見られるが全般的に些細なものであるという。語の置換は非常に少なく、あったとしても植字工によるケアレスミスと考えられる。

(9) *The Plays of William Shakespeare*, accurately printed from the text of the corrected copy left by the late George Steevens, Esq., with glossarial notes, and a sketch of the life of Shakespeare in eight volumes. Philadelphia: Published by M'Carty &

Davis, 1830, being a second edition of that published in 1823.

(10) 1824年に同じ出版者が同じくフィラデルフィアで、上記の同一テクストならびに注、G. B. Ellis による挿し絵入りの2巻本をだしている。

(11) *The Dramatic Works of William Shakespeare*, from the text of Johnson, Steevens, and Reed; with glossarial notes, his life, and a Critique on his genius and writings, by Nicholas Rowe, Esq. New-York. Published by S. King, 1825.

上記1824年版からエリスの版画挿し絵をのぞいたもので、同じものが1829年に（12）となって出版された。

(12) *The Dramatic Works of William Shakespeare*, accurately printed from the text of the corrected copy left by the George Steevens, Esq., with a Glossary, and notes, and a sketch of the Life Shakespeare. In two volumes. New-York: Printed and published by J. & J. Harper, 1829. 8vo, 22cm. Portraits. Also every play is illustrated by a woodcut.

(13) *The Dramatic Works of Shakespeare*, from the text of Johnson and Steevens. In two volumes.

Philadelphia: Printed for Thomas Wardle. 1831.

(14) *The Dramatic Works of William Shakespeare* from the text of Steevens. Hartford, Ct.: Silas Andrus, 2 vols. 8 vo. 1832.

これは(13)と同一版であるという。

(15) *The Dramatic Works of William Shakespeare*, with the corrections and illustrations of Dr. Johnson, G. Steevens, and others. Revised by Isaac Reed, Esq., in six volumes.
New York: George Dearborn, Publisher, 1835.

(16) *The Dramatic Works of William Shakespeare*. Harper's Fine Edition. Revised by I. Reed, Esq. New York 6 vols. 8 vo, 1839.

これらはともに10巻本の(8)を6巻本にしたものである。後者(16)には(17)が続くが、(9)のリプリントである。

(17) *The Dramatic Works of William Shakespeare*, with the corrections and illustrations of Dr. Johnson, G. Steevens, and others. Revised by Isaac Reed, Esq., in six volumes. New York: Harper & Brothers, 1846.

(17)は1846年の出版であるが、(8)の1821年版をもとにしたものであり、結局、アメリカにおいては、1831年までReedが改訂したJohnson and Steevens textが印刷さ

れたわけであったという。ところが 1831 年にシェークスピアテキストの出版に新しい流れが生まれた。すなわち、(18)、(19) である。[9]

(18) *The Dramatic Works and Poems of William Shakespeare* with Notes by S.W. Singer and Life by C. Symmons, (New York). 2 vols. 8 vo, 1831.

(19) *The Dramatic Works and Poems of William Shakespeare* with Notes, etc., by S. W. Singer, and Life by C. Symmons. New York: G. Dearborn. 2 vols. 8 vo, 1834.

上記に続いて、1835 年に (20) がでる。

(20) *The Dramatic Works of William Shakespeare.* From the text of the corrected copies of Steevens and Malone, with a life of the poet, by Charles Symmons, D. D.. The seven ages of man; embellished with elegant engravings. And a glossary. Complete in one volume. New-York: Published by James Conner. 1835.

(21) *The Dramatic Works and Poems of William Shakespeare* with Notes by S. W. Singer and Life by C. Symmons. New York: Harper & Brothers. 2 vols. 8 vo, 1837.

(21）と同版が 1839 年にでている。おそらく（20）と同じものが 1841 年に再び出版されている。(22) である。

(22) *The Dramatic Works and Poems of William Shakespeare*, with notes, original and selected, and introductory remarks to each play, by Samuel Weller Singer, F. S. A., and a life of the poet, by Charles Symmons, D. D., in two volumes. New-York: Published by Harper & Brothers, 1841.

これは若干の変更はあるが 1826 年の Chiswick Edition のリプリント版である。

以上、ニューヨークで始まった新しいテクスト出版の歴史を簡単に紹介したが、結局これらは若干の改変はあるものの、すでに述べた Chiswick Edition (1826) のリプリント版とみなされる。ところで、同上の Chiswick Edition に基づきながら注目すべき版が出た。次の（23）である。

(23) *The Dramatic Works of William Shakespeare*; with a life of the poet, and notes, original and selected. Boston: Hilliard, Gray, and company. 1836. 7 vols. Illustrated. 8 vo, 22cm.

Jane Sherzer によれば、この全集はテクスト編者が 1623 年の first folio の readings に従っていることを初めて明らかにした点で、アメリカにおけるシェークスピア全集の出版史上画期的であるという。この全集がでるまでは編者たちは

Reed 改訂の Johnson-Steevens 版か Singer 改訂の Malone-Steevens 版テクストの忠実なリプリントで良しとしたが、ここにきてテクスト出版に際して、オリジナル・ソースに注意を払うことの必要性が認識された。"That the text, on the whole, remains meager, in no wise impairs the fact that here, for the first time in America, is sounded the true note for a correct editing of the Shakespearian text."[10] また、この版は 1837, 1839 年、そしてそれ以後も出版年と出版者㈳の名前を変えながら出版され続けた。

　本稿の目的はアメリカにおけるシェークスピア全集の歴史を概観しながらハーマン・メルヴィルが愛読し、創作において大きな影響を受けたとされるボストン版シェークスピア全集を確認することであった。文学ならびに思想上の影響についてはすでに触れた Mary Bercaw を参考にすることが可能である。筆者がボストン版シェークスピア全集にこだわったのは英語文体上の特徴、特に複合語形成における、シェークスピアとのハイフン使用の異同を調べることにあった。シェークスピアがメルヴィルに与えた英語文体を調査する上でメルヴィルが使用した版を比較参照することが必要なことは言うまでもないと考えるからであった。(23) のリプリント版 (1837 年) がこれにあたる。なお説明が前後したが、論文タイトルの"ボストン版シェークスピア全集"とはすでに紹介した第一号ボストン版 (1792 年) ではなく、この (23) 並びに 1837 年のリプリント版を指すことになる。Sealts は "Evidently the newly purchased 'edition in glorious great type' mentioned in Melville's letter from Boston, 24 Feb

1849, to Evert Duyckinck. Annotated. (HCL)", (*Melville's Reading*, p. 215) と記している。なお、Sealtsによればメルヴィルはこのボストン版以外にも8種類のシェークスピア本を所蔵していたか、あるいは借りていたことを指摘している。前野繁も、"On 17 Dec. 1849 he bought a 'pocket Shakespeare' in London" とボストン版以外にもメルヴィルがシェークスピア本を購入していることを指摘している。[11] もちろん、このボストン版をもってアメリカにおけるシェークスピア全集の出版は終わるわけではなく、これ以後も続々とテキスト出版は続けられていくが、本稿の目的がボストン版出現までの歴史をたどることにあったのでここでこの章は終わりたい。

Ⅲ. メルヴィルのボストン版シェークスピア全集

Ⅱ.2. で指摘したように本稿でいうボストン版シェークスピア全集は、*The Dramatic Works of William Shakespeare; with a life of the poet, and notes, original and selected.* Boston: Hilliard, Gray, and company. 1837. をいう。1836年版の再版である。メルヴィルが所蔵の版は現在、ハーバード大学ホートン・ライブラリー（Houghton Library）の稀覯書のコーナーに保管されていて特別の許可なしでは閲覧することができない。閲覧できたとしても研究のために写真やコピーをとることは不可能である。筆者はアメリカ、メーン州、ボードン大学（Bowdoin College Library, Brunswick, Maine）所蔵の1836年初版をニューハンプ

シャー大学付属図書館の好意で、インターライブラリー・ローン制度を利用して約2週間の期限で借り出して調査をした。以下に示すのがその調査報告の一部である。

全集編者のオリジナルテクストに対する見解を明確に示したとする第一巻にある序文（Advertisement）は次の通りである。

Advertisement

The publishers believed that they could best accomplish it, by selecting the comprehensive and valuable edition of Mr. Singer as the basis of theirs, so far as relates to the notes; rejecting, however, such of those notes, and such portions of any of them, as appeared to be unnecessary, and inserting additional ones where they seemed likely to be useful.

The changes in both these respects are so numerous, that there would have been no propriety in affixing to this edition the name of Mr. Singer, but it would be injustice not to express to him the most important and constant obligations.... With regard to the text, they have preferred, in general, to follow the readings of the folio edition of 1623, with which the text of this edition has been carefully compared.

In short, the object of the publishers has been to prepare an edition in a handsome and convenient form, not too much encumbered with comments, nor too destitute of them, and comprehending such other advantages as the inquiries and research of the accomplished scholar, who has prepared the work for the press, have suggested.

Hilliard, Gray, & Co.

Boston, August, 1836.

続いて以下のように構成されている。

General Table of Contents

	Vol.	Page
Life of Shakespeare	I.	iii
New facts, &C.	I.	xlviii
Shakespeare's Will	I.	lxxv
Preface of the Players	I.	lxxix

Plays,
Alphabetically Arranged.

All's Well That Ends Well	Ⅱ.	345
Antony and Cleopatra	Ⅵ.	91
As You Like It	Ⅱ.	253
Comedy of Errors	Ⅲ.	109
Coriolanus	Ⅴ.	447
Cymbeline	Ⅵ.	213
Hamlet, Prince of Denmark	Ⅶ.	247
Julius Caesar	Ⅵ.	3

King Henry IV ; Part I	III.	453
Part II	IV.	3
King Henry V	V.	113
King Henry VI ; Part I	IV.	225
Part II	IV.	321
Part III	IV.	433
King Henry VIII	V.	131
King John	III.	263
King Lear	VII.	3
King Richard II	III.	355
King Richard III	V.	3
Love's Labor's Lost	II.	75
Macbeth	III.	171
Measure for Measure	I.	329
Merchant of Venice	II.	167
Merry Wives of Windsor	I.	153
Midsummer-Night's Dream	II.	3
Much Ado about Nothing	I.	423
Othello, The Moor of Venice	VII.	395
Pericles, Prince of Tyre	VI.	421
Romeo and Juliet	VII.	135
Taming of the Shrew	II.	447
Tempest	I.	1
Timon of Athens	V.	359
Titus Andronicus	VI.	337
Troilus and Cressida	V.	239

Twelfth Night; OR, What You Will	Ⅰ.	247
Two Gentlemen of Verona	Ⅰ.	79
Winter's Tale	Ⅲ.	3

次に第一巻の構成を示そう。

Content of Vol. I

Life of Shakespeare	iii
New Facts, & C	xlv ii
Preface of the Players	lxxix
Tempest	1
Two Gentlemen of Verona	79
Merry Wives of Windsor	153
Twelfth Night; OR, What You Will	247
Measure For Measure	329
Much Ado about Nothing	423

各巻平均510頁。この章を終わるにあたり、メルヴィルとボストン版についての Raymond Long の言及を示しておこう。メルヴィル初期の五つの作品、*Typee, Omoo, Mardi, Redburn, White-Jacket* について、

"The results of this study show that the influence of Shakespeare is present, but not strong, in his five early novels. However, early in 1849, prior to the writing of *Moby-Dick*, he acquired a seven-volume edition of the plays with unusually large type, large enough for Melville's weakened eyes..."

Raymond Ronald Long, "The Hidden Sun: A Study of the Influence of Shakespeare on the Creative Imagination of Herman Melville" (Ph.D. dissertation, University of California at Los Angeles, 1965).

　本稿はメルヴィルが愛読し、作品創作上影響を受けたとされるボストン版シェークスピア全集の出版までの歴史をたどったが、これが単に一つのシェークスピア全集の由来を明らかにするだけでなくアメリカの出版文化の歴史において成長過程を示す特徴として見ることができることを示そうとした。

ボストン版より、第五巻の表紙写真(1)

THE

DRAMATIC WORKS

OF

WILLIAM SHAKSPEARE;

WITH

A LIFE OF THE POET,

AND

NOTES,

ORIGINAL AND SELECTED.

VOL. V.

BOSTON:
HILLIARD, GRAY, AND COMPANY.

1836.

ボストン版より King Henry VI [SC. III] (2)

SC. III.]　　　　KING HENRY VI.　　　　359

 * *York.* I never saw a fellow worse bested,[1]
* Or more afraid to fight, than is the appellant,
* The servant of this armorer, my lords.

Enter, on one side, HORNER, *and his neighbors, drinking to him so much that he is drunk; and he enters bearing his staff with a sand-bag fastened to it;*[2] *a drum before him; at the other side,* PETER, *with a drum and a similar staff; accompanied by Prentices drinking to him.*

1 *Neigh.* Here, neighbor Horner, I drink to you in a cup of sack; and fear not, neighbor, you shall do well enough.

2 *Neigh.* And here, neighbor, here's a cup of charneco.[3]

3 *Neigh.* And here's a pot of good double beer, neighbor: drink, and fear not your man.

Hor. Let it come, i' faith, and I'll pledge you all; and a fig for Peter!

1 *Pren.* Here, Peter, I drink to thee; and be not afraid.

2 *Pren.* Be merry, Peter, and fear not thy master; fight for credit of the prentices.

Peter. I thank you all: * drink, and pray for me,
* I pray you; for, I think, I have taken my last
* draught in this world.*—Here, Robin, an if I die, I give thee my apron; and, Will, thou shalt have my hammer;—and here, Tom, take all the money that I have.—O Lord, bless me, I pray God! for I am never able to deal with my master, he hath learnt so much fence already.

Sal. Come, leave your drinking, and fall to blows. —Sirrah, what's thy name?

---

[1] In a worse plight.

[2] As, according to the old law of duels, knights were to fight with the lance and the sword, so those of inferior rank fought with an ebon staff, or baton, to the further end of which was fixed a bag crammed hard with sand.

[3] *Charneco* appears to have been a kind of sweet wine. Steevens says *Charneco* is the name of a village in Portugal where this wine was made.

ボストン版より King Richard III [SC. II] (3)

SC. II.]   KING RICHARD III.   47

Enter QUEEN ELIZABETH, *distractedly*; RIVERS, *and* DORSET, *following her.*

Q. Eliz. Ah! who shall hinder me to wail and
   weep?
To chide my fortune, and torment myself?
I'll join with black despair against my soul,
And to myself become an enemy.
   Duch. What means this scene of rude impatience?
   Q. Eliz. To make an act of tragic violence :—
Edward, my lord, thy son, our king, is dead.
Why grow the branches, when the root is gone?
Why wither not the leaves that want their sap?—
If you will live, lament; if die, be brief;
That our swift-winged souls may catch the king's;
Or, like obedient subjects, follow him
To his new kingdom of perpetual rest.
   Duch. Ah, so much interest have I in thy sorrow,
As I had title in thy noble husband!
I have bewept a worthy husband's death,
And lived by looking on his images :[1]
But now two mirrors of his princely semblance
Are cracked in pieces by malignant death;
And I for comfort have but one false glass,
That grieves me when I see my shame in him.
Thou art a widow; yet thou art a mother,
And hast the comfort of thy children left thee;
But death hath snatched my husband from my arms,
And plucked two crutches from my feeble hands,
Clarence and Edward. O, what cause have I
(Thine being but a moiety of my grief)
To overgo thy plaints, and drown thy cries!
   Son. Ah, aunt! you wept not for our father's death;
How can we aid you with our kindred tears?
   Daugh. Our fatherless distress was left unmoaned;
Your widow-dolor likewise be unwept!
   Q. Eliz. Give me no help in lamentation;
I am not barren to bring forth laments:

---

[1] The children by whom he was represented.

注

(1) 本稿は平成7年度〜平成8年度科学研究費補助金（一般研究C）研究成果報告書『メルヴィルの英語文体とボストン版シェークスピア全集』より、ボストン版シェークスピア全集に関する2章をアメリカ出版文化史の視点から加筆訂正したものである。

(2) 以下のような指摘がすでにされていたことは有益であった。

"A careful analysis of the author's vocabulary, as exhibited in his published texts, turns up a number of locutions which clearly exemplify and support a folk theory of language, such as proposed by such writers as Emerson and Whitman. Strangely enough, many of these locutions have managed to evade the dictionary, even though some of them have been part of the fabric of America's oral tradition for more than a century. Whether the individual expressions are properly classified as dialect, colloquialisms, or slang is not a matter that can be settled easily. Some of them are novelties of the author's own coining; some he encountered in his reading; and some were doubtless part of the spoken language of his day. C. Merton Babcock, "Some Expressions from Herman Melveill," in *Publication of the American Dialect Society*, No.31, April, 1959.

(3) *Herman Melville-Cycle and Epicycle-*, pp. 57–58.

(4) Esther Cloudman Dunn, in *Shakespeare in America*, Chapter XⅢ: Shakespeare in the Thought of Some Nineteenth Century Figures: Emerson, Thoreau, Alcott, Whitman, Lincoln, pp. 249–283. を参照のこと。

(5) Julian Markelsの論文、"Melville's Markings in Shakespeare's

Plays" によれば、メルヴィルは本全集を 1849 年に入手し、*Moby-Dick*（1850 – 1851）執筆前と執筆中に詳しく読んでいる。また、現在ホートン・ライブラリーに収蔵されているメルヴィルが所蔵していた版には 491 箇所の書き込みがあるという。

(6) なお、*American Shakespearean Criticism*（1968）において、著者の Alfred Van Rensselaer Westfall は Sherzer の記述の過ちを訂正している。全集だけでなく作品を含んだアメリカで出版されたシェークスピア作品が年表形式で示されており、Ⅱ．2．を書くにあたり本書も参考にしている。

(7) DNB（*The Dictionary of National Biography*）によれば、いわゆる Johnson and Steeven's edition（1773）を Issac Reed（1742 – 1807）が 1785 年に 10 巻本として編集し直したものであるが重要な加筆はほとんどないとある。なお Reed は 1803 年に 21 巻本の改訂版を出版している。これが "first variorum" として世に知られ、さらに 1813 年に "second variorum" を出し、1821 年に Edmund Malone と James Boswell the younger が加わって完成した改訂版が "third and best *variorum*" である。

(8) Dublin Royal Edition は出版者 John Stockdale が 1784 年に出版した Shakespeare's Dramatic Works（2 vols. roy. 8 vo.）に Ayscough が作製した 'Index' を加えて 1790 年にロンドンで出版された、1791 年のダブリンリプリント版のことであろう。

(9) DNBによれば、Samuel Weller Singer（1783 – 1858）は 1826 年に Chiswick Press より、Charles Symmons のシェークスピア伝と木版画を入れた 10 巻本のシェークスピア版を出版している。頻繁に版が重ねられ、アメリカで大きな評価を受けたとある。

(10) *American Editions of Shakespeare: 1753 – 1866*, p. 658.

(11) 例えば、Maeno: *A Melville Dictionary* は Matthiessen の指摘として、"Shakespearean influences of many kinds are evident in *Moby-Dick* and, though less markedly, in *Pierre*". (p. 209) を引用している。

参考文献

Ball, Alice M., 1938. "Uncle Sam and The Compounding of Words", *American Speech* 13: 169-74

―――, 1939. *Compounding in the English Language*: A Comparative Review of Variant Authorities with a Rational System for General Use and a Comprehensive Alphabetic List of Compounding Words. The H.W. Wilson Company, New York.

―――, 1950. *The Compounding and Hyphenation of English Words*. Funk and Wagnalls.

Bercaw, Mary K., 1987. *Melville's Sources*. Northeastern University Press.

Bradbrook, M. C., 1954. "Fifity Years of the Criticism of Shakespeare's Style: A Retrospect", *Shakespeare Survey* Ⅶ : Ⅰ-11

Byrne, M., 1964. "The Foundations of Elizabethan Language". *Shakespeare Survey* ⅩⅦ: 223-38

Craig, W. J., 1966. *The Complete Works of William Shakespeare*. Oxford University Press.

Cronin, Morton, 1954-1955. "Some Notes on Emerson's Prose Diction", *American Speech* XXIX (Number 2): 105-113.

Davison, Richard A., 1966. "Melville's *Mardi* and John Skelton", *Emerson Society Quarterly* 43: 83

Dunn, Esther C., 1939. *Shakespeare in America*. The Macmillan Company, New York.

Eddy, D. M., 1968. "Melville's Response to Beaumont and Fletcher: A New Source for The Encantadas", *American Literature* 40 (Number 3): 374-80.

Falk, Robert, 1965. "Shakespeare in America: A Survey to 1900", *Shakespeare Survey* 18: 102-118

Fletcher, Richard M., 1964. "Melville's Use of Marquesan", *American Speech* XXXIX (Number 2): 103-111.

Foley, Brian, 1984. "Herman Melville and the Example of Sir Thomas Browne", *Modern Philology*, February. pp. 265-77.

Gates, W. B., 1958-1959. "Shakespearean Elements in Irving's *Sketch Book*", *American Literature* XXX: 450-58.

Groom, B., 1937. "The Formation and Use of Compound Epithets in English Poetry from 1579", *S.P.E. Tract* XLIX: 295-322. Oxford (Senjo Reprint)

Hart, Alred, 1943 (A). "Vocabularies of Shakespeare's Plays", *Review of English Studies* 19: 128-140.

———, 1943 (B). "The Growth of Shakespeare's Vocabulary", *Review of English Studies* 19: 242-54.

Hillway, Tyrus, 1967. "Two Books in Young Melville's Library", *Bulletin of the New York Public Library*, September: 474-76.

Honan, P., 1960. "Eighteenth and Nineteenth Century English Punctuation Theory", *English Studies* 41: 92-102.

Hornsby, Samuel, 1973." A Note on the Punctuation in the Authorized Version of the English Bible", *English Studies* 54:

566-68.

Hughes, Raymond C., 1932. "Melville and Shakespeare", *Shakespeare Association Bulletin* 7 (July): 103-112.

Kissane, Leedice, 1961. "Dangling Construction in Melville's *Bartleby*", *American Speech* XXXVI (Number 3): 195-200.

Lumiansky, R. M., 1940. "Milton's English Again", *Modern Language Notes* LV: 591-94.

Mackie, W. S., 1936. "Shakespeare's English: And How far it can be investigated with the help of *The New English Dictionary*'", *Modern Language Review* 31, Number 1: 1-10.

Maeno, Shigeru. 1976. *A Melville Dictionary*. Kaibunsha Shuppan, Tokyo.

―――, and Inazumi, K. 1984. *A Melville Lexicon*, Kaibunsha Shuppan, Tokyo.

Marchand, H., 1957. "Compound and Pseudo-Compound Verbs in Present-Day English", *American Speech* XXXII (Number 2): 83-94.

Markels, Julian, 1977. "Melville's Markings in Shakespeare's Plays", *American Literature* 49 (Number 1) 34-48.

Maxwell, J. C., 1965. "Melville and Milton", *Notes and Queries* CCX (February): 60.

Maxwell. W. C. and Padelford, F. M., 1926. "The Compound Words in Spenser's Poetry", *Journal of English and Germanic Philology* 25: 498-516.

Metcalf, Eleanor Melville. 1953. *Herman Melville-Cycle and Epicycle-*, Harvard University Press.

Partridge, A. C., 1953. *The Accidence of Ben Jonson's Plays*-Masques and Entertainments With an Appendix of Comparable Uses in Shakespeare. Bowes & Bowes.

Pommer, H. F., 1950. *Milton and Melville*. University of Pittsburgh Press.

Purcell, M., 1941. "Melville's Contribution to English", *PMLA* LVI: 797-808.

Salmon, V., 1965. "Sentence Structure in Colloquial Shakespearian English", *Transactions of the Philological Society*: 105-140. Also in *Reader* (1987)

———, 1970. "Some Functions of Shakespearian Word-Formation", *Shakespeare Survey* 23. pp. 13-26

———, and Burgess, E., 1987. *Reader in the Language of Shakespeare Drama*. Benjamins Pub. Co.

———, 1988. "English Punctuation Theory 1500-1800", *Anglica* 106 Heft 3-4: 285-314.

Sealts, M. M., 1988. *Melville's Reading*. The University of South Carolina. First in 1948.

Sensabaugh, G. F., 1964. *Milton in America*. Princeton University Press.

Sherzer, J., 1907. "American Editions of Shakespeare: 1753-1866", *PMLA* XXII (n.s.XL): 633-696

Stephen, L. and Lee S., *Dictionary of National Biography, The.*, Oxford University Press, 1959 – 1960.

Stone, E., 1956. "*Moby-Dick* and Shakespeare: A Remonstrance", *Shakespeare Quarterly* VII: 445-448.

Teall, F. Horace, 1891. *The Compounding of English Words*. John

Ireland, New York.

Vogelback, A. L., 1952. "Shakespeare and Melville's *Benito Cereno*", *Modern language Notes* 67: 113-116.

Wells, S. and Taylor G., 1979. *Modernizing Shakespeare's Spelling*. Oxford University Press, New York. In which included Stanley Wells's Three Studies in the Text of *Henry* V.

Willcock, G. D., 1954. "Shakespseare and Elizabethan English", *Shakespeare Survey* VII: 12-24.

Wright, N., 1952. "A Note on Melville's Use of Spenser: *Hautia and The Bower of Bliss*", *American Literture* 24: 83-85.

＊日本語文献追加

岡村俊明「シェイクスピアの複合語」鳥取大学教育学部研究報告：人文・社会科学第 46 巻第 1 号、1995 年

岡村俊明「シェイクスピアの新語、新語義の研究」渓水社、1996 年

その他、主として日本語文献は稲積包昭「メルヴィルの複合語について」(*Kobe Miscellany*, NO.15, 1989) の参考文献の項を参照のこと。

4. メルヴィルの複合語について

1.

本稿では H. メルヴィルの作品中に見られる複合語表現を取り上げて、現代英語の複合語の生産性の観点からメルヴィル英語の特徴の一端を明らかにしたい。

分析の対象とした複合語はすべて *Lexicon*（1984）からのものである。[1] 同 *Lexicon* の巻末付録第一部、"Melville's New Words" においては本体の見出し語（entries）の内、*OED*（1933）、*OEDS*（1933）、*OEDNS*（1972、76、82、86）[2] に収録されていない単語、慣用句、複合語、*OEDs* で与えられた語義とは異なる意味用法をもつ上記の各表現（これらを *Lexicon* では〔B1〕と標記）、*OEDs* の与えた初出年よりもメルヴィルの使用が先行するもの（これらを〔B2〕と標記）、*OEDs* がメルヴィルを初出例とするもの（これらを〔B3〕と標記）についてまとめられている。

特に〔B1〕標記の見出し語については形態的ならびに機能的観点から exhaustive な分類が行われ、我われはメルヴィル英語の特徴の一端をよく知ることができるが、〔B2〕〔B3〕標記のグループの表現については alphabetically に並べられたままになっている。そこでさらにメルヴィルの英語の特徴を明確にするため、本稿では *OEDs* に収録されている〔B2〕、〔B3〕の各種表現のうち、いわゆる形態論（morphology）を構成する二つの下位部門、派生形態論（derivational morphology）と屈折形態論（inflectional morphology）の中で前者の派生形態論に的を絞り、語形成（word formation）の観点から派生語（derived word）と複合語（compound word）について分析を行う。

　まず、〔B1〕グループに対して行ったように、形態的ならびに機能的観察に基づく分類を示し、次に複合語の中でも最も多く収録されている〔Noun + Noun〕（「名詞＋名詞」）型の複合語名詞について〔B1〕に行わなかった意味的分類を与える。

　ところで、〔B2〕、〔B3〕への分析作業を始める前に指摘しておかねばならない問題がある。問題とは、

（1）複合語の認定基準
（2）初出年

の2点についてである。

　まず(1)の複合語の認定基準の問題から検討しよう。本稿の目的上、形態論の根本を成す複合語の定義から始めることはしないが以後の議論に必要な最少の用語について触れておかねばならない。語（word）はその構成により単純語と合成語に分けられる。次に合成語は派生語と複合語に下位分類される。派生語は従来から自立して存在する語に接頭辞（prefix）や接尾辞（suffix）の接辞（affix）を添えて造られた新造語であり、複合語は二つ以上の自立して存在する語が結合して全体で一つの語として機能している合成語のことである。そしてこの複合語にはspelling formとして、fire-fighter、firefighter、fire fighter、すなわちハイフンで連結される場合、完全な一語として書かれる場合、切り離して書かれる場合の三つの書記法がある。現代英語

の複合語の書記法に関して我われは一般的傾向を *Webster's New International Dictionary*, Second Edition（Web^2）の Compound の項で知ることができるが、[3] *OEDS* の見出し語の中で収録された複合語の表記の実態調査を行った児玉氏の結論、「しかし今まで述べてきた通り、理論の上ではともかく少なくとも現実では多くの場合、書記に一貫した規定を設けることは危険である。現実の書記には気まぐれで半科学的な面が多く、書記を規定することは不可能なまでに混乱しているといえる」[4] を待つまでもなく、複合語をどのように表記するかにほとんど関心は払われなくなっているといってよい。事実、複合語を見出し語として収録する場合、可能な限りの書記形を示すよりももっと価値ある情報のためにスペースを割くことが重要と考える辞典編纂の傾向が定着している。[5] しかしメルヴィルの作品を調べればわかるように彼はハイフンを用いた語結合形を多用している。彼のハイフン使用の傾向は上記の Web^2 の記述と大巾に異なるものではないが、ハイフン使用に関して一貫性があるわけでもない。[6] *Lexicon* の Appendix では、〔B1〕標記表現が Single Words と Compounds Words に分けられている。Compounds のグループの中でハイフンなしの（複合語）表現が49例挙げられているように、複合語の表記にすでに見たように三種の書記法が可能ならばメルヴィルの複合語の分析をする場合、ハイフン形（hyphenated forms）のみを複合語として取りあげるのは方法論上十分といえない。hyphenated forms が必ずしも複合語とは限らないし、unhyphenated forms を単に主要部を修飾する統語構造的句

として見落とす危険性があるからである。通常我われは名詞句 a small boy の small boy を複合語に含めない。形容詞 small と名詞 boy の結合に修飾的関係を超えた外心的構造（exocentric compound）を認めることができないこと、比較級 smaller による置換が可能なことが統語構造的名詞句と判断する主な理由であるが、small talk, small stores の 2 例についてはハイフンがないけれども複合語とされている。これは上記の表現が「形容詞＋名詞」の修飾的関係を超えた、つまり語結合全体の意味が主要語の一種とみなされず特殊化されていると考えられるからである。small talk は 'light or casual conversation' の意味で、1751 年が初出、small stores は 'small miscellaneous articles stocked by a store on a ship or naval base, for sale to naval personnel' の意で、1814 年が初出とされている。[7] ハイフンなしの語結合表現を複合語とするか統語的句とするかはメルヴィルの英語の hyphenated forms の分析を行い、その構造と傾向を明らかにした後、unhyphenated forms の分析にいく順序を取ることが必要である。複合語判定に異論がないわけではないが、まず *OEDs* に収録されている〔B2〕、〔B3〕のグループについて分析することの意義はここにある。

　しかしハイフン結合の表現の分析をする場合に考えねばならない問題がもう一つある。調査の対象として使用するテキストに関わることであるが、メルヴィルの英語を研究する際に数種類あるテキストの中からどのテキスト版を用いるかというテキスト選択は勿論のこと、選んだテキストの hyphenation についての編集方針に注意を払わねばなら

ないことである。すべてメルヴィル自身の手になる完全な原稿か出版されたテキストが利用できるならば問題は少ないが、第三者によって編集されたテキストに頼らざるを得ない時、メルヴィルの英語の研究をするつもりが original とはかけ離れた編集者の英語を研究するという危険性がある。[8] そこで先ず本稿に直接関係してくる行末（line-end）の hyphenation について少し考えてみよう。

英語の表記において、我われは語を2行にまたがって書かねばらない時、つまり語を行末で分けねばならない時には音節の切れ目にハイフン（-）を入れて語を切り離す。単純語のハイフンは単に音節の切れ目を示すだけであるが、複合語の場合には行末の規則によってハイフン化されたものか、もともとハイフンによって結合されていた構成要素の前部が偶然行末ハイフンと一致したものか、テキストからだけでは判断できない場合が生じる。メルヴィルの複合語の分析において、まず複合語の判定の規準としてハイフンの有無から始めた場合には特に問題となってくる。前野繁教授が *Lexicon* 作成において選ばれた Northwestern-Newberry 版の編者はこの行末ハイフンに関して、以下のような配慮をしてテキストの正確さを図っている。[9]

> Since some possible compound words are hyphenated at the ends of lines in the copy-text, the intended forms of these words become a matter for editorial decision. When such a word appears elsewhere in the copy-text in only one form, that form is followed; when its

treatment is not consistent (and the inconsistency is an acceptable one, to be retained in the present text), the form which occurs more times in analogous situations is followed. (*Mardi* pp. 695-96)

　さらに続けて、copy-text の他の個所に語が見つからない場合には、類似の表現の調査、*Webster's American Dictionary of the English Language*（Springfield, Mass. 1848）やメルヴィルの残された原稿を参照して行末の複合語の表記形を復元したことを説明している。同テキスト版巻末には copy-text の行末に来ている複合語の可能な表記形と同テキストの行末に表れている複合語の copy-text 中における可能な表記形がリストされている。このような配慮は我われの分析には特に貴重であった。

　次に(2)の初出年代の問題点に移ろう。我われは *OEDs* に示された出典の初出年代をもとに *Lexicon* の見出し語を〔B1〕、〔B2〕、〔B3〕に標記したことはすでに触れたが、この標記が絶対的なものでないことはいうまでもない。*Lexicon* の見出し語中、S 以後のものについては *OEDNS* の Volume Ⅳ , (Se-Z) を参照することができなかった。今〔B1〕と標記された S の部 sea-action からの見出し語について調べてみると、メルヴィルの出典を初出とする〔B3〕に標示変更しなければならなくなったものが 31 項目ある。それらは[10]

Ｓの部：sea-jockey, sea-toss, shanty-shop, shelf-like, ship's
　　　　yeoman, short-handled, sight-tube, slobgollion,

　　　　　　small-headed, soul-bolts, spine-wise, Sulphur-Bottom, sun-glade
Tの部：thought-engendering, thunder-cloven, thunder head（ハイフンなし）, timber-head, toe-hole, tornadoed, Trampa-Whale, two-stranded
Vの部：Venetianly
Wの部：whale-cry, whale-boning, whale-ground, whale-hunt, whale-pike, whale-pole, whale-rope, whale-streak, windrowed

である。また *OEDNS*, Ⅳにより、〔B1〕標記から〔B2〕標示になるもの、つまり *OEDNS* に新たに追加された表現の初出例よりもメルヴィルが先行するものは同じく次のようになる。

表 Ⅰ

見出し語	Melville	OEDNS が与えた年代
sewing-girl	1852	1870
shark-infested	1849	1978
single-decked	1855	1869
sire-land	1849	1922（ハイフンなし）
skull-and-cross-bones	1849	1924
slab-like	1847	1899
sloe-eye	1857	1957
soft-boiled	1855	1889
soon-comming	1855	1886
spring-wheat	1849	1868
stepwise	1876	1888
stern-line	1849	1880
storm-rack	1876	1878
sun-flushed	1849	1862
surly-looking	1857	1904
time-hallowed	1849	1959
transfer-agent	1857	1869
war-chariot	1851	1911
war-news	1849	1857
well-scrubbed	1849	1916
well-spaced	1891	1939
window-slit	1852	1880
wine-stained	1851	1899
wood-rot	1846	1926
world-end	1849	1896
world-famed	1852	1858
wrung-out	1857	1962（ハイフンなし）

さらに、〔B1〕標記を消すもの、すなわち OEDNS の与えた初出年がメルヴィルに先行するのは表Ⅱのようになる。[11]

表　Ⅱ

見出し語	Melville	OEDNSが与えた年代
self-adjusted	1851	1848
sharp-ribbed	1856	1848
silk-lined	1924	1901
slave-driving	1850	1830
slave-pen	1857	1845
small stores	1847	1814
snow crust	1891	1824（ハイフンなし）
soup-tureen	1856	1834
star-rise	1876	1870
time-stained	1891	1835
water-land	1851	1811

上記表Ⅰ、Ⅱの変更は OEDNS, Ⅳ (1986) に基づくものであったが、OEDs の初出年の決定や収録語に問題がないわけではない。たとえば OEDs の初出年代訂正、収録語追加のため、"Catalogue of Prints of Political and Personal Satire in the British Museum" の資料を調査した Alarik Rynell の調査報告、*Antedatings and Additions for OED* (1987) によれば、OED の与えた初出年の変更と追加項目は 2,245 例に達する。[12] ちなみに同書によれば Lexicon で〔B1〕標記とした blue-ribboned は初出が 1757 年、court-air が 1779 年、half-averted には 1740 年と与えられてい

る。また *OED* においてメルヴィル初出とされる middle (-) watch（1851）は 1820 年に、*OEDS*、*OEDNS* で 1833 年とされている oyster-saloon（〔B1〕標記）は 1825 年、同じく〔B2〕の sailor-boy（*OED* は 1855、*OEDS* は 1835）は 1826 年に、tilting-match（*OED* は 1854）に 1824 年の初出年に訂正を求めている。今後も種々の調査が進めばさらにその初出年代の訂正は多くでてくることであろう。確かに調査研究が進み、初出年代の標示がより正確になることは望ましいし、大切なことであるが、*Merriam-Webster* 系の英語辞典中、初めて見出し語に初出年を与えた辞典として知られる *Webster's Ninth New Collegiate Dictionary*（1983）の Explanatory Notes が指摘するように語の初出年標示には限界があることも忘れてはならない。

> Many words were certainly in spoken use for decades or even longer before they passed into the written language. The date is for the earliest written or printed use that the editors have been able to discover. The fact means further that any date is subject to change as evidence of still earlier use may emerge, and many dates given now can confidently be expected to yield to others in future printings and editions. (p. 17)

最後にもう一点、初出年標示に関して触れておきたい。*Lexicon* に収録された見出し語の〔B1, 2, 3〕標記が *OEDs* に依ることはすでに繰り返す必要がないが、しかしながら

〔B1〕標記された *OEDs* 未収録項目が的確にそうであると保証できるであろうか。見出し語の意味用法が *OEDs* に見当たらない場合の〔B1〕判定は解釈上の問題とも関係してくるのでここでは取り上げない。複合語判定の際の *OEDs* の使用について生じてくる問題を指摘しておきたい。先に名をあげた A. Rynell は同書のはしがきにおいて、*OEDs* の記述について次の批判を行っている。

> It is difficult to find out whether a compound is recorded in the *OED* or not. If it is not registered as a headword, it may occur in an enumeration that is not alphabetical but chronological. Even worse, a compound is occasionally to be found under the second instead of the first element. (pp. 3-4)[13]

OEDS、*OEDNS* を追加整理統合した新しい "*OED*" 版の完成とさらに CD ロム版の出現によるコンピューター利用が可能になればこのような見落としは防げるようになるだろうが、現在のところ我われは Rynell の注意にも耳を傾けねばならない。

以上、メルヴィルの複合語の分析を行う上での問題点について検討してきた。以下において上記の考察を踏まえ具体的分析を行う。

2.

メルヴィルの〔B2〕、〔B3〕の表現の分類

メルヴィルが使用した英語表現のうち、語形成によって造られた Single Words, Compound Words を対象に *OEDs* に見い出されるものを取り上げて考察する。なお、〔B2〕の下位分類は *Lexicon* の分類を利用したが、念のためそれを示せば次のようになる。

〔B2〕：*OEDs* 標示の初出年よりメルヴィルが先行する表現
〔B2（ⅰ）〕：1〜10年先行するもの
〔B2（ⅱ）〕：11〜20年先行するもの
〔B2（ⅲ）〕：21〜40年先行するもの
〔B2（ⅳ）〕：41年以上先行するもの
〔B3〕：O*EDs* がメルヴィルを初出としたもの

1. Single Words：接尾辞による派生語[14]
1. 1. Nouns
   (a) -ness:
   (ⅰ) Christliness, feminineness, indomitableness, meditativeness, reverentialness, unearthliness, unruffledness, unsophisticatedness; (ⅱ) mirthfulness, pennilessness, protectingness; (ⅲ) hauntedness, Laplandishness, semiconsciousness, unsuspectingness; (ⅳ) inhabitiveness, repelling-ness, spectralness;〔B3〕

landlessness, muffledness, napishness, wonderousness
(b) -er:
(ⅱ) Canaller; (ⅳ) sinker; 〔B3〕 larboader, Nantucketer, pitchpoler; Cf. New-Worlder, outward-bounder, plum-puddinger（すべて〔B3〕）
(c) -ing:
(ⅰ) immingling; (ⅱ) itemizing; (ⅲ) chestnutting; (ⅳ) ratanning, slippering; 〔B3〕 gamming
(d) その他の接尾辞によるもの
(ⅰ) disentombment, goatee, wreathage; (ⅱ) Titanism; (ⅲ) automatonism, cheesery, gaffman, ossification; 〔B3〕 reelman

1. 2. Adjectives
  (a) -an:
   (ⅰ) Aphroditean, Berkelyan; 〔B3〕 Mephisto-phelean
  (b) -able:
   (ⅰ) unrenderable
  (c) -ed:
   (ⅰ) bandaged, cluttered, genialized, overlaid, riddled, unhooped, unrobed, unstreaked; (ⅱ) bullioned, infiltrated, unreciprocated, vertebrated; (ⅲ) antlered, beaded, concreted, pedestaled, untatooed; (ⅳ) stacked; 〔B3〕 moccasioned, torn-adoed, windrowed
  (d) -ing:
   (ⅰ) combing, outbranching, spellbinding, telling; (ⅱ)

outreaching, upbubbling
(e) その他の接尾辞によるもの
(i) lungful, memoryless, sisterless, soggy; (ii) chummy, gunpowdery; (iii) baggageless, brigandish, sporty, unangelic; (iv) shuddersome

1. 3.　Adverbs
 (a)　-edly:
　(ii) avertedly; (iii) alarmedly, distressedly, mattedly, tormentedly; 〔B3〕 postponedly
 (b)　-ingly:
　(i) annoyingly, anticipatingly, captivatingly, inspectingly, supplicatingly; (ii) absorbingly, bafflingly, banteringly, comprehendingly, ruminatingly, unblinkingly; (iii) ascendingly, blisteringly, challengingly, confidingly, deepeningly, grazingly, gurglingly, jerkingly, plungingly, seethingly, wheezingly; 〔B3〕 prolongingly, whistlingly
 (c)　-ly:
　(i) funereally, leadenly, musefully; (iii) clannishly, connubially, draggingly, unclerkly, unmentionably; 〔B3〕 cannibalistically, placelessly, Venetianly
 (d)　-ward (s), -wise:
　(i) graveward, oceanward, sunwards; (ii) stepwise; (iii) villageward

以上が〔B2〕、〔B3〕の Single Words であるが比較のため表にして示そう。

表 Ⅲ

	Suffixes	[B2] (ⅰ)	[B2] (ⅱ)	[B2] (ⅲ)	[B2] (ⅳ)	[B3]	合計
Noun	a. -ness	8	3	4	3	4	22
	b. -er	0	1	0	1	3	5
	c. -ing	1	1	1	2	1	6
	d. その他	3	1	4	0	1	9
Adj.	a. -an	2	0	0	0	1	3
	b. -able	1	0	0	0	0	1
	c. -ed	8	4	5	1	3	21
	d. -ing	4	0	2	0	0	6
	e. その他	4	2	4	1	0	11
Adv.	a. -edly	0	1	4	0	1	6
	b. -ingly	5	6	11	0	2	24
	c. -ly	3	0	5	0	3	11
	d. -ward / -wise	3 / 1		1	0	0	4 / 1

表Ⅲの数字が示すように、Noun においては接尾辞 -ness、形容詞では -ed、副詞では -ingly による語形成が特徴となっている。これは〔B1〕の場合と同じ傾向を示している。

2．Compound Words：独立して現れうる語を2つ以上並列してより大きな語を造り出す語形成である。

2.1. Compound Nouns：品詞による分類
2.1.1. Adj + Noun:
   （ⅰ）counter-thought, full-length, half-gallon;（ⅱ）high-liver, heavy-heartedness, main-truck, night-sky, sea-attorney, sea-tale, side-ladder, spring-wheat;（ⅲ）absent-mindness, cross-timber, gingerbread-work, living-gale, loose-fish, mid-region, noble-heartedness, round-jacket, white-horse;（ⅳ）river-palm, side-talk, twin-jets, twin-tubs;〔B3〕capsheaf, cross-light, life-principle, night-damp, night-man, sea-jockey, shanty-shop, short-warp, ocean-inn, white-ash; Cf. Old Guard（ⅰ）

すでに触れたが複合語は主要語を含むか否かによって2種類に分けられる。複合語全体の意味が主要語の一種と見なせる場合を内心複合語（endocentric compound）、そうでない場合を外心複合語（exocentric compound）と呼ぶ。上記のAdj + Noun の型の中には、loose-fish, white-horse などのように外心複合語に分類されるものも入っている。また、主要構成素が接尾辞によって派生された、heavy-heartedness, noble-heartedness の構造をもつもの、複合語がさらに大きな複合語の構成素となっている gingerbread-work などが見られるがこれらはメルヴィルだけに特有の表現ではない。

2.1.2. Noun + Noun

A．動詞的な要素と名詞との文法的関係としてとらえられる型：[15]

(1) 〔主語＋動詞〕の文法関係をもつ

a．名詞＋<u>動詞の転換名詞</u>（deverbal noun）

(i) merchant-service, witch-work; (ii) torpedo-launch; (iii) mud-flow; (iv) powder-burn, wood-rot; Cf, guardo moves（〔B3〕）

b．V-ing ＋名詞

(ii) sewing-girl

(2) 〔動詞＋目的語〕の文法関係をもつ

　a．名詞＋ V-ing（verbal noun）

(i) house-cleaning, rat-killing; (ii) yarn-spinning; (iii) soup-boiling

　b．名詞＋<u>動詞からの -er 派生名詞</u>

(i) bone-polisher, gold-hunter; (ii) book-lover, tract-distributor; (iii) truth-hunter; (iv) treasure-hunter;〔B3〕letter-sorter

(3) 動詞と<u>場所・時間・道具</u>の文法関係をもつもの

　a．名詞＋<u>動詞の転換名詞</u>

(i) lee-roll（場所）:(vi) night-attack, night-fight（時間）:〔B3〕sea-toss

　b．名詞＋<u>動詞からの -er 派生名詞</u>

(i) field-laborer; (iii) circus-rider

　c．名詞＋ V-ing

Cf. shore whaling (i)

　d．V-ing ＋名詞

（ⅰ）kindling-wood, lightning-rod, whaling-spade;
（ⅱ）fighting-ship, shaving-cup;（ⅲ）reefing-jacket, smoking-cap; Cf. feeding time（ⅲ）, wash-day（ⅱ）(<u>動詞の転換名詞</u>＋名詞の型)

以上が文法関係でとらえられる複合名詞の主なる型で、分類の対象にしなかった表現は sailing-watch, tilting-match, breaking-up の複合形である。[16]

B. 名詞＋名詞の間の意味関係としてとらえられる型[15]：内心的複合語と外心的複合語に下位分類されるが、ここでは区別していない。

（1）Noun₁ 'has' Noun₂ にパラフレーズされる：

（ⅰ）altar-fire, berth-deck, heart-disease, hospital-steward, lung-cell, shark-skin, stern-piece;（ⅱ）cage-bar, carriage-spring, flower-bud, grave-slab;（ⅲ）arrow-slit, branch-root, business-end, cellar-way, cigar-end, cigar-stump, compass-card, germ-life, sea-ivory, stern-line, window-slit;（ⅳ）fleet-surgeon, handle-end, mess-bill, world-end;〔B3〕cabin-scuttle, coffin-tap, eave-trough, eye-wrinkle, fluke-chain, lance-head, nail-tub, rib-end, soul-bolts

明らかに外心複合語と判定できるものに、blanket-piece, nail-rod（ⅲ）; plum-pudding, timber-head, whale-pole〔B3〕がある。Cf. thunderheads（〔B1〕）

（2）Noun₁ 'is like' Noun₂:

（ⅰ）dress-coat, hair-seal, sailor-fashion, storm-rack,

sword-mat; (iii) block-ice, man-fashion, needle-ice, Shark-Syllogism, Trigger-fish; (iv) cloud-shape, mat-sail, paddle-blade, sloe-eye; [B3] love-curl, monkey-rope

(3) Noun$_2$ 'is for' Noun$_1$:

(i) corn-bin, cow-path, goat-god, lamp-burner, log-reel, market-boat, mast-man, meat-market, paint-room, rag-house, sailor-bag, skirmish-line; (ii) bread-bag, extension-table, gun-wad, scent-bag, spirit-vault, storm-trysail, throne-room, transfer-agent; (iii) fly-brush, fowl-yard, grain-bin, lock-string, tack-hammer, tea-hour, war-canoe; (iv) battle-zone, hen-coop, mule-track, pleasure-vessel, rail-road-brakesman, rose-farm, sheet-bitt, sire-land, treasure-ship, war-chariot, whale-line; [B3] job-shop, line-knife, oil-bit, oil-ladle, oil-ship, sight-tube, whale-ground, whale-pike, whale-rope

(4) Noun$_2$ 'Produces' Noun$_1$:

(ii) signal-midshipman

(5) Nouni$_1$ 'causes' Noun$_2$:

(i) cocoa-palm; (ii) battle-din; (iv) dream-house; [B3] air-eddy, sun-glade, toe-hole; Cf. white ash breeze (iv)

(6) Noun$_2$ 'consists of' Noun$_1$:

(i) bean-soup, mustard-plaster, regatta-shirt; (ii) ditty-bag, (iii) cloth-bag, hair-tuft, poppy-bed, tape-measure; (iv) ice-cube, palm-thatch; [B3] cod-chowder, oil-jacket, whale-steak

(7) Noun₂ 'is' Noun₁:
　(ⅱ) dandy-ship, hose-pipe, priest-king; (ⅲ) knight-bachelor, prelate-prince; (ⅳ) merchant-seaman
(8) Noun's Noun:
　(ⅱ) Coxe's travers;〔B3〕ship's yeoman
以上の結果を表にして特徴を見てみよう。

表　Ⅳ

名　詞　+　名　詞　の　型	〔B2〕(ⅰ)	〔B2〕(ⅱ)	〔B2〕(ⅲ)	〔B2〕(ⅳ)	〔B3〕	計
(1) Noun₁ 'has' Noun₂	7	4	11	4	9	35
(2) Noun₂ 'is like' Noun₁	5	0	5	4	2	16
(3) Noun₂ 'is for' Noun₁	12	8	7	11	9	47
(4) Noun₂ 'produces' Noun₁	1	1	0	0	0	2
(5) Noun₁ 'causes' Noun₂	0	1	0	1	3	5
(6) Noun₂ 'consists of' Noun₁	3	1	4	2	3	13
(7) Noun₂ 'is' Noun₁	0	3	2	1	0	6
(8) Noun's Noun	0	1	0	0	1	2

　上記表Ⅳの結果から分かるように、〔B2〕、〔B3〕のグループとも(1)と(3)の型が多く見られる。これは、*OEDs* が名詞複合語としてこの両型を多く収録していることを示し

ている。Quirk et al. の(3)の型のコメント "This is a very productive type." (p. 1574)と合致する。今後の課題は〔B1〕の「名詞＋名詞」の意味関係による分析を行い、*OEDs* 未収録表現について検証することである。

2. 2.　Adjective Compounds
　形容詞の待徴を備えた複合語のうち、ハイフンによって結ばれたものを選び出し、*Lexicon* の Appendix で行った〔B1〕グループの Adjective Compounds で用いた下位分類に基づき分析を行う。

（1）Noun ＋ Adjective:
（ⅰ）day-long, sea-blue, travel-weary;（ⅱ）boat-black, ocean-wide, self-forgetful;（ⅲ）fir-green, marble-white, sheet-white;（ⅳ）ghost-white

（2）Noun ＋ V-ing:
（ⅰ）mound-building;（ⅱ）snow-balling;（ⅲ）ear-splitting, night-blowing;（ⅳ）all-encompassing, self-adjusting;〔B3〕fable-mongering, thought-engendering

（3）Noun ＋ V-ed:
（ⅰ）cream-laid, self-suggested, time-hallowed, vine-clad, world-renowned;（ⅱ）sun-fiashed, velvet-lined;（ⅲ）shark-infested, storm-worn;（ⅳ）beef-fed, leaf-hung, rose-flushed, stove-warmed;〔B3〕air-freighted, cloth-covered, fierce-fanged, heron-built, thunder-cloven, valor-ruined weather-stained, wine-stained, world-

famed
(4) Adj + Adj:
(ⅱ) merry-mad;〔B3〕buried-alive, crazy-witty
(5) Adj / Adv + V-ing:
(ⅰ) low-hanging, low-lying;(ⅲ) soon-coming, upward-gazing; /(ⅰ) unhappy-looking;(ⅱ) cruel-looking, fierce-looking, fore-looking;(ⅲ) blank-looking, haggard-looking, rich-looking, vicious-looking, wooly-looking;(ⅳ) quaint-looking, surly-looking〔B3〕dentistical-looking
(6) Noun + Noun-ed:
(ⅰ) bell-crowned, claw-footed, elm-arched, water-marked;(ⅱ) barrel-shaped, fiy-specked, olive-cheeked, thumb-worn;(ⅲ) coffee-colored, crop-haired, iron-heeled, lavendar-scented, musk-scented, orange-hued;(ⅳ) bottle-necked, sloop-rigged;〔B3〕Anvil-headed, average-sized, lion-manned, moss-bearded, night-cloaked
(7) Adj + Noun-ed:
(ⅰ) deep-bosomed, fair-sized, flat-faced, low-valued, open-armed, quaint-shaped;(ⅱ) black-hearted, brave-hearted, curly-pated, glad-hearted, gold-rimmed, single-decked, tender-souled;(ⅲ) big-hearted, dark-skinned, one-legged, square-faced, stern-eyed, well-spaced;(ⅳ) plain-faced, red-labeled, round-sterned, ugly-tempered, wooden-walled;〔B3〕green-turfed,

laughing-eyed, pure-watered, short-handled, single-sheaved, small-headed, two-stranded

(8) Adj / Adv + V-ed:
(i) clear-cut, foreign-born; (ii) out-posted; (iii) elder-born, first-mentioned, full-fledged, ill-adjusted, soft-boiled, well-groomed; (iv) new-cut, well-scrubbed; 〔B3〕new-landed, new-lit, twice-backed

(9) Adj / Adv + like:
(i) baloon-like, bull-like, gull-like, lance-like, stair-like, turkey-like; (ii) anaconda-like, dungeon-like; (iii) arrow-like, button-like, fossil-like, parchment-like, peasant-like, sea-like, task-like; (iv) gnat-like, slab-like; 〔B3〕 billow-like, chance-like, shelf-like, stiletto-like, tallow-like

(10) Adj / Adv / Noun + Particle:
(i) deep-down; (ii) high-up; (iii) boxed-up, dried-up, scooped-out; 〔B3〕 screw-down

その他、above-ground, non-substantial, omni-tooled

2. 3. Adverbial Compound

ハイフンによって結合された副詞表現として *OEDs* に収録されたものはメルヴィル初出として scroll-wise, spine-wise の2例あるのみ。ただし、*Moby-Dick* には crutchwise, endwise, lengthwiseのように unhyphenatedである。stepwiseについては Single Words の項で扱っている。

　以上の結果を表にまとめておこう。

表 V

Adjective Compound の型	[B2] (ⅰ)	[B2] (ⅱ)	[B2] (ⅲ)	[B2] (ⅳ)	[B3]	計
(1) Noun ＋ Adjective	3	3	3	1	0	10
(2) Noun ＋ V-ing	1	1	2	2	2	8
(3) Noun ＋ V-ed	5	2	2	4	9	22
(4) Adj ＋ Adj	0	1	0	0	2	3
(5)※ Adj/Adv ＋ V-ing	2	0	2	0	0	4
※ Adj/Adv ＋ looking	1	3	5	2	1	12
(6) Noun ＋ Noun-ed	4	4	6	2	5	21
(7) Adj ＋ Noun-ed	6	7	6	5	7	31
(8) Adj/Adv ＋ V-ed	2	1	6	2	3	14
(9) Adj/Adv ＋ like	6	2	7	2	5	22
(10) Adj/Adv/Noun ＋ Particle	1	1	3	0	1	6

　表Ⅴから断定的なことはいえないが、〔B2〕、〔B3〕の両グループとも同一傾向、すなわち、(3)、(6)、(7)、(9)の型が主要パターンとなっていることを示している。〔B1〕との相違は(8)型が〔B1〕に非常に多い（255例）、のに対して〔B2〕、〔B3〕はやや少ないことである。

注

1) *A Melville Lexicon* のこと。*Lexicon* と略記して用いている。
2) *The Oxford English Dictionary*（1933）, *A Supplement to the OED*（1933）, *New Supplement to the OED* Vol., Ⅰ(A-G), Ⅱ(H-N), Ⅲ(O-Scz), Ⅳ(Se-Z) を本文中でそれぞれ *OED, OEDS, OEDNS*、これらをまとめた名称として *OEDs* と略記して用いている。
3) *OED*（Combinations p. xxxiii f.）も参考になる。
4) 児玉徳美「複合語書記法の混乱」p. 108。
5) 例えば、*Webster's Ninth New Collegiate Dictionary, Webster's New World Dictionary, Third College Edition*, 1988 の編纂方針にうかがわれる。
6) *Lexicon* で行った分類では pronoun とした連結形（Web^2 では prefix と呼ぶ）self は常にハイフンで結合されている。self-concealment, self-illusion, self-importer, self-infamy,... self-taxing, *Lexicon* p. 495. しかし、suffix の wise はハイフンのあるものとないものが見られる。
7) *OEDNS*（1986）は (a) items for personal use or consumption on a sea-voyage; (b) *u.S.* articles of regulation issue clothing; a shop selling these; として、1814 年の出典からを初出例としている。
8) *Lexicon* 作成にあたって採用したテキストについては *Lexicon* の Preface 参照のこと。前野繁教授の選択による。
9) "Copy-text" is the text accepted as the basis for an edition. *Mardi*, p. 684 とある。NN（Northwestern-Newberry Edition）の場合、copy-text はアメリカ版 *Mardi* の第 1 版（1849）である。
10) 下記に示した項目のうち、small-headed（1851）, whale steak（1851）は *OEDNS*（1986）によりメルヴィル初出として新たにつ

け加えられた。〔B2〕標記の whale-rope（1849）はメルヴィル初出とされ、〔B3〕に変更、無標示の windrowed（*OED*, 1893）は〔B3〕、すなわちメルヴィル初出（1851）と認定された。wine-stained（メルヴィル 1851）に対して *OEDNS* は 1899 を初出年とし、world-famed（メルヴィル 1852）に対して、1858 を *OED*（1866）に先行するものとしている。

11）なお、〔B1〕標記としたもののうち、*Lexicon* 出版後 *OED, OEDS* 中に発見された複合語の数もかなりになる。今回の調査の対象とした Se-Z の見出し語中、sea-way, side-blow, smoke-dried, spade-man, spring-head, spring-like, stand-up, straight-backed, stumbling-stone, sugar-snow, worm-hole が見つけられた。

12）英語の語彙の中に、語（word）がいつ現れたかに重点が置かれており、いくつかある語義のうちのどの語義として初めてその語が使用されたのが何年であるかということに関しては期待できない。従って、本書の調査結果が即 *Lexicon* の訂正に結びつくものではない。

13）その例として彼は horse-turd が見出し語 Horse ではなく Turd に、leather breeches が Breech の項目にあること、さらに river pirates について、*OEDNS*（1982）は River の項目に 1849 年を初出として例示しているのに、この複合語を *OED* は Pirate の項目で *OEDNS* より早い 1799 年を例示しているなど、*OEDs* の記述の不統一ぶりを明らかにしている。

14）派生による語形成にはここであげる接尾辞の他に接頭辞があるが、接頭辞は語に付加されてもその語の性質を変えないことと、メルヴィルにおいては接頭辞として un- が目につく程度なので特に下位分類として設けなかった。

15) 分類にあたって、Quirk et al.（1986）を土台にし、並木（1985）、大石（1988）を参考にして分類の型を作った。
16) この二つの表現における -ing 形は現代英語の boxing match の boxing と同じ働きをしている。したがって以下で考察する「名詞＋名詞」の下位分類に入れるべきであろう。

付記

本稿はもともと、*Lexicon* 作成の折、前野教授から近年の形態論研究の成果を取り入れた論文を書かれてはとの助言で取りかかったものである。*Lexicon* の全面的使用を許可された教授にお礼を申し上げる。

参考文献

Adams, V. *An Introduction to Modern English Word-Formation*. London: Longman, 1973.『現代英語の単語形成論』杉浦・岡村共訳、こびあん書房、1977.

Bergsten. N. *A Study on Compound Substantives in English*. Uppsala: Almqvist and Wiksell, 1911.

Burchifield, J.et al. *A Supplement to the Oxford English Dictionary* Vol. Ⅳ. Se-Z. Oxford, 1986.

Hatcher, A. G. "An Introduction to the Analysis of English Compounds." Word, 16. (1960)

井上和子他『名詞』（現代の英文法）研究社、1985.

Jespersen, O. *A Modern English Grammar on Historical Principles* Ⅵ, London: Allen and Unwin, 1942.

児玉徳美 "複合語書記法の混乱" ANGLICA Vol. 5. No.1, 1962.

Lees, R. B. *The Grammar of English Nominalizations*. The Hague: Mouton, 1966.——. "The Problems in the grammatical analysis of English nominal compounds." in *Progress in Linguistics*, Bierish, M and Heidolph, K. E. (eds). The Hague: Mouton, 1970.

Levi, J. N. *The Syntax and Semantics of Complex Nominals*. Academic Press, 1978.『複合名詞の形態と意味』杉浦・加藤共訳、こびあん書房、1984。

前野　繁 "『白鯨』の新造語について"。英語青年、1976 年 11 月号。

Maeno, S. and Inazumi K. *A Melville Lexicon*. Kaibunsha, 1984.

Marchand, H. *The Categories and Types of Present-Day English Word-Formation*, 2nd ed. Munchen: C. Beck, 1969.

Matsumoto, Masaji "The Style of *Moby Dick*." ANGLICA Vol. 4. No. 2., 1961.

並木崇康『語形成』新英文法選書、大修館、1985.

Melville, H. *Mardi The Writings of Herman Melville*, The Northwestern-Newberry Edition Vol.3. edited by Hayford H. et al.

大石　強『形態論』現代の英語学シリーズ　開拓社、1988。

Quirk, R. et al. A *Comprehensive Grammar of the English Language*. London: Longman, 1985.

Rynell, A. *Antidatings and Additions for OED*——from the Catalogue of Prints of Political and Personal Satire in the British Museum. Stockholm: Almqvist and Wiksell, 1987.

Selkirk, E.O. *The Syntax of words*. Cambridge, MASS.: MIT Press, 1982.

柴田省三『語彙論』英語学大系 7、大修館、1975。

杉浦茂夫 "複合語についての覚え書" 甲南女子大学英文学会「英文

学研究」第 13 号、1976.

――――。"複合名詞の型（その１）～（その３）"同上「英文学研究」第 14 号、1978、第 17 号、1981、第 21 号、1984.

上野景福『語形成』（英文法シリーズ 25）研究社、1955。

Warren, B. *Semantic Patterns of Noun-Noun Compounds*. Gothenburg Studies in English 41. Lund: 1978.

5.『スタンダード和英大辞典』と編著者竹原常太
—英米文化の受容と日本—

　本年4月より大手前大学人文科学部に交流文化学科が発足いたしました。この学科の一つの目的が文化間の交流に見られる諸現象を学問として明らかにしていくことにあります。私が今回の講座をお引き受けいたしましたとき、与えられた総合テーマ『交流する文化の中で』で、一番先に思い浮かべました個別テーマは、本日お話しすることになりました、明治・大正・昭和の3時代を英米文化の接触から受容、そして日本文化への復帰と、文化接触・交流の典型的な人生をおくられた、旧制神戸高等商業学校教授竹原常太先生のことでした。ただいまお配りいたしました資料を参考にしながら話を進めていきたいと思います。

　話を始める前にこの教室の一番前に並べておきました書籍について簡単に説明させてください。

　略歴表の著書・論文欄に示されているように、竹原常太先生（以後敬称略）の業績は、英語（和英・英和）辞典、英語教育（英語基礎語彙、教育方法）研究、旧制中学・女学校の教科書編纂と、大きく三つの分野にまたがっています。ここにはそれぞれの分野から、代表的な著作を、竹原邸の書庫よりお借りしてきました（なお、竹原邸書庫の蔵書の多くは常太次女、原口英子さんと大手前学園理事長、福井秀加先生の

資料 - 1

ご厚意により大手前大学付属図書館に竹原文庫として保存されることになりました)。あとでゆっくりご覧いただけたら幸いです。また、黒板に立てかけてある額には、『スタンダード和英大辞典』ではなくて、昭和16年に出版され、戦中・戦後、多くの高校生たちが受験勉強のため、あるいは、大学生、教師、一般社会人に、実務に非常に役立つ辞書として使われた、『スタンダード和英辞典』と『スタンダード英和辞典』(ともに大修館発行)の宣伝用ポスターと、そして、教え子以外のかたは目にする機会もないのではないかと思い、お借りしました貴重な肖像写真が入っています。これもあとでご覧いただけたらと思っています。

　それでは、本題に入りたいと思いますけれども、資料はお手元に裏表で4ページになってますが、最初に略歴について一言触れておきます。この略歴の中の著書・論文欄に入っていないものがあります。堤さんの論文完成後に判明したものです。

　まず、先ほどちょっと触れた、『スタンダード和英大辞典』の出版(大正13年)は、戦前の日本の英語界にとって非常に象徴的な出来事ということができます。実は、明治以来、英語辞典の多くは東京の出版社や、東京を中心とする英語研究者たちによって作られてきました。はじめはそうではなかったが、次第に三省堂とか、研究社とかになっていったわけです。そこから有名な学者が辞典を出し、英語辞典は東京というのが定着していったわけです。そんな時、関西の宝文館という出版社から、研究社の和英辞典を超える、大型の非常に優れた、しかも、東京系の人たちのようにイギリス、ア

メリカの辞典をもとに日本語版を作るといった方式ではなく、アメリカに留学中に自分で新聞や雑誌から集めた資料を全面的に利用して作られた辞典だったのです。

　ここにありますけれども、ご覧になっておわかりになるように非常に大部な辞典ですが、これが、夫人の竹原実恵さんを含め非常に少ない助手と、本当にもう5年、6年間、毎日、毎日、朝から晩まで休むことのない作業の結果で完成したと書かれています。出版されるやこれが非常によくできている本格的和英辞典という評価が定着して、版を重ねています。ここに持っているこれは表紙は革ではなくクロスですね、表紙の色も赤ですね。そして、戦後、ちょっと時代的に古いということで、改訂版をだす計画が進行しました。事実、実恵さんが残された多くの資料の中に、同志社大学の上野直蔵というアメリカ文学の先生を中心に東京の大修館との間で結ばれた改訂版出版の契約書があります。それによると、竹原家が持っている、辞典に必要な資料や鉛版を全部提供するということなどがでています。今は写植というか、コンピュータを使って印刷しますから、こういうものはいらないんですけれども、昔は出版物は印刷をするとき、鉛でつくった活字版を使って作られました。これにインク付けて刷っていくわけですが、たまたま書庫を整理しておりましたときに、2枚残っていました。頁を照合してみますと、前に置いてある『和英大辞典』の頁と一致します。しかし、どういう事情だったのか同志社を中心とした編集陣から改訂版が出ることはありませんでした。そのためかどうかは知りませんが、正確には改訂版とは言えないと思いますが、東大の英語教授陣により、

資料 - 2

<竹原常太（1879〜1947）：略歴>

1879(明治12)年9月2日　岡山県御津郡芳田村大字泉田で父九次郎、母比佐の長男として生まれる
1896(明治29)年　父九次郎死去
1898(明治31)年　神戸市私立乾行義塾普通科第四学年修業
1899(明治32)年　渡米
1903(明治36)年　ウィスコンシン州ミルトンアカデミー卒業
1904(明治37)年　イリノイ州グリッサーカレッジ師範科卒業
1905(明治38)年　帰国
1906(明治39)年1月　私立正則中学校英語科教師
1907(明治40)年〜1909(明治42)年　私立日本中学校英語科教師
1907(明治40)年〜1910(明治43)年　第一御国将校外国語講習所英語部教師
1908(明治41)年　文部省英語科教員試験に合格
1910(明治43)年　再び渡米
1912(大正1)年　イリノイ州レークフォレスト大学英文科卒業（Bachelor of Arts 取得）
1913(大正2)年　ミシガン州立大大学院英文科卒業（Master of Arts 取得）
1915(大正4)年　ニューヨーク大学大学院英文科卒業（Ph.D. 取得）
1916(大正5)年　帰国
1918(大正7)年　神戸高等商業学校教授、長女和誕生
1922(大正11)年　次女澄誕生
1924(大正13)年　『スタンダード和英大辞典』(宝文館)
1929(昭和4)年　神戸商業大学教授
1931(昭和6)年　神戸高等工業学校教授を兼任
1939(昭和14)年　退官
1945(昭和20)年　四国に疎開、肺炎を患う
1947(昭和22)年　6月29日　69歳で永眠

堤美佐子著、"『スタンダード和英大辞典』編者　竹原常太"「日本英語教育史研究」第14号

<著書・論文等>

1915(大正4)年　博士論文「近松とシェークスピアの比較」
1916(大正5)年　"Chikamatsu: His Mind and Art"（近松：彼の思想と芸術）
　　　「英語の日本」11号〜14号に連載
1924(大正13)年　『スタンダード和英大辞典』(宝文館)
1929(昭和4)年　『スタンダード英和辞典』(大修館)
1930(昭和5)年　『語学教育の合理化』(大修館)
1932(昭和7)年　Standard English Readers 5巻 (大修館)
1932(昭和7)年　『学習教材の合理化附スタンダードリーダー編纂趣意』(大修館)
1933(昭和8)年　『中等学校英語教材の合理化附スタンダードリーダー編纂趣意』(大修館)
1934(昭和9)年　『ソーンダイク基本英単語』(大修館)
　　　Girls' Standard English Readers 5巻(大修館)
　　　『高等女学校英語教材の合理化附ガールズスタンダードリーダー編纂趣意』(大修館)
1936(昭和11)年　『ソーンダイク基本構文　新英文解釈法』(大修館)
1937(昭和12)年　New Standard Readers 5巻 (大修館)
1941(昭和16)年　『スタンダード和英辞典』(大修館)
1959(昭和34)年　『新スタンダード英和辞典』竹原常太原編、中島文雄、朱牟田夏雄共編 (大修館)
1983(昭和58)年　『竹原和英大辞典』(名著普及会)

<その他>
「独日英対訳　独逸基本単語」モーガン編、加藤一郎訳、竹原常太監修
「独日英対訳　独逸基本熟語」エドワード・ハウク編、エミル・ハリール訳、竹原常太監修
「独日英対訳　仏蘭西基本単語」ヴァンダ・ビーケ編、厚母清一訳、竹原常太監修
「独日英対訳　仏蘭西基本熟語」フレデリック・シュドラー編、生島薫一訳、竹原常太監修
New Standard English Composition 2巻 (宝文館)

多分、60代、70代の人たちだったら覚えてるかもしれないんですけれど、この黄色の表紙をした、『スタンダード英和辞典』という名で、ソーンダイク博士の基本語彙の印がついた、英和辞典と、同じくこげ茶色の表紙を持つ、『スタンダード和英辞典』となって、書店の棚を飾りました。しかし、英和・和英両辞典とも変化の激しい時代の波に勝てなかったのでしょうか、結局これらも終わって、大修館の英語辞典からスタンダードの冠名はなくなってしまいました。余談ですが、フランス語の辞典にはまだ使われているようです。1960年以降、多くの人達の記憶から忘れ去られたと思われていた『スタンダード和英大辞典』でしたが、絶版になって久しく、な

かなか手に入らない状態が続いていました。たまに大きな古書店に出ても、あっという間になくなってしまう。そういうことで、実は、名著普及会という出版社がこの辞典の再版というか、復刻版を出したんですね。しかし、これもあっという間になくなってしまいました。したがって、古本屋で見ることもほとんどないと思います。今でもこの辞典に愛着を持つ人達がいかに多くいるかと思うと感慨を禁じ得ません。ところで、この辞典は、クロス張りの装丁版を先ほどお見せしましたが、たいていは革張りでしたから、使っていると革がぼろぼろになって、きれいな服を着て使っているとその革の汚れがついてしまって、原本ですから値打ちがあるんですけれども、ビニール張りの名著普及会の新しいものは、そういうことがないというか、そういう理由での需要もあったのではないでしょうか、これもあっという間もなく入手できなくなりました。[1] 中身は同じでも、大修館が「スタンダード」という商標を持ってますから、復刻版を出すときでもスタンダードという名前は使えなかったと聞いたことがあります。そのために、別の名前で出されたんでしょう。もしか古書店で見つけることがありましたら、迷うことなくお買い求めになることをお勧めいたします（笑）。

　以上、和英大辞典のほうを先にお話ししましたが編著者の竹原常太について少し触れておきます。今の神戸大学です。その前身校である旧制神戸高等商業学校、ここの英語の教授として教育・研究に従事され、その傍ら、前に述べましたように、自身、英語教育の合理化と呼ぶ教育理論に基づいて、旧制中学校、そして、女学校用の英語教科書を編纂し、全国

的に英語教科書の編著者として有名だった先生でした。商業高等学校は神戸商業大学、そして最終的に神戸大学になりましたが、これだけの立派な仕事をされた先生ですから、神戸大学は先生に関する資料をたくさん所蔵しているだろうと思って、私と堤さんが彼女の研究会発表のテーマとして竹原常太研究を始めたとき、神戸大学百年史編集室を訪ねましたが、竹原常太についての資料が全くないことを知りました。大学の図書館を調べても、何も残されていないのです。えっ、これは一体どうしたことかと唖然としました。だったら、これは、もしも、ご親族がわかるならば、そこから始めるしかないという、非常にミステリー的ないきさつがあって仕事が始まりました。戦前発行された紳士録や女学院の同窓会名簿からようやく六甲にたどり着くことができました。幸い信用されまして、実恵夫人によって整理された書庫を見せていただくことができました。そこには竹原常太が使っていた書籍や辞典類、教科書や辞典を作るために使用したさまざまな資料、カードがそのままの状態(もっとも、1995年に起きた神戸・淡路大震災のために書棚がひっくり返り、書庫の戸も開かない状態のところを英子さんと幸子さんが応急的にかたづけられた)で、新たに本を入れることもほとんどなく、また、出すこともなく、ずっと保存されておりました。地震さえなければ、きれいに整理された状態で、我々としてももっと楽に調査ができたんですけれども。実恵さんが分類・整理されたものがかなりあちらこちらに移動してしまった状態の中で、我々は書庫にある本や資料など、あるものすべてをカードに取り、目録を作りました。教育や研究に先生

ご自身が使われた各種の辞典・事典類や、英語辞典を作るときに利用されたと思われる英米の教科書、わが国で発行された中等学校や旧制高等学校生用英語教科書など、約3,000点ほどになりました。英子さんから、もしも、これらのものがまだ研究上の価値があるとお思いならば使ってくださいとの思いがけないお話をいただきましたので、福井秀加理事長にお願いしたところ、ありがたいことに図書館に専用の書架をいただくことができました。本大学の学生や教員だけでなく、全国からこの本を求めて訪ねてくる研究者のためにもということで、寄贈された書籍用のスペースを竹原文庫として開設していただくことになった次第です。現在、目録をつくり終えました。整理された蔵書とともに利用される日がくるのもそう遠くないのではないでしょうか。[2]

　そういうことで、堤さんの研究テーマからの縁でこの竹原常太という先生を知り、私まで研究のお供をすることになりました。今回のこの公開講座のテーマに、竹原常太と英米文化の受容、こういうテーマを選び、この場を利用させていただいている次第です。

　ところでお配りした資料は裏表4頁になっています。まず、竹原常太の略歴から始めようと思いますが、その前に一番先に言わなければならないのは、一頁目の2と小さな数字で打ってある箇所です。『人事興信録』という本が出ていて、その昭和32年版、19号からなんですが、竹原という名前を調べてみましたら、そこに載ってたんですね。この実恵さんは、そこに書いてあるとおり、今, 話題の『モナリザスマイル』という映画でも有名ですが、このアメリカの名門女子大ウエ

ズレーの日本人女性として初めて卒業された方なんですね。そして、日本に帰ってこられてから、現在の日本女子大で教鞭をとられています。そして、竹原常太と結婚された後、短い期間でしたが、神戸女学院でも教えられていた。夫の竹原常太はあまりものを言わない先生だったらしいんですが、それでもときおり、家族に幼少時代のことを思い出したように話されることがあった。そういうものを実恵さんは書きとめて、略伝みたいなものを作っておられた。これが、残っていますが、鉛筆で書かれているので、なかなか読みにくい。そのために、実は、ここにいらしている幸子さんが、これをワープロに打ち込んでくださったわけです。我々はこの実恵さんの略伝によって、竹原常太という人はどういう人だったかとか、どういうふうに英語の勉強をしたのかなど知ることができます。また、2の資料は、昭和22年6月以来、亡夫の遺稿整理に従事というふうに書いてありますが、まさにこの昭和32年当時、書庫の中で竹原が残した書籍類を項目ごとに分類し、また、和英辞典出版に賛同した神戸商業高校の水島校長をはじめとする人たちからの手紙類、辞典購入者からの感謝状、出版の契約書等を整理されていたということです。これは残しておかなければいけないと思って、資料としてあげたわけです。（資料-3）

　それから、もう一つ、竹原常太は、第二回目の留学を終えて、東京で一時、『スタンダード和英大辞典』のもとになる辞典づくりをはじめています。それがある事情からうまくいかなくなって、旧制神戸高等商業学校に採用される。直接世話したのは、英語教科書の編纂者としても名前が残っている

吉田清ですが、例の名物校長、水島銈也氏に呼ばれて神戸に来たわけです。神戸高等商業学校に提出された履歴書の写しが残っています。それによって、資料2の略歴が可能になったわけです。しかし、これもまだ、完全なものではありません。そこで、大事なところだけを言いますと、ここにあるように、竹原は岡山駅からバスで20分ぐらいのところにある岡山市泉田で生まれています。5年ほど前に訪ねてみましたが、田畑が広がる非常にのどかな所でした。その後、ここからが、いろいろとわからないんですけれども、3歳のときに母親が亡くなっています。父親は、明治のはじめの廃藩置県のときに士族として幾らかのお金をもらってるんですね。退職金みたいなものだと思います。そして、そのころこの士族の退職金を集めて、全国各地に国立銀行がつくられています。この国立というのは、別に国がやってるんじゃなくて、国がつくった銀行条例に基づいてつくられた銀行らしいんですね。岡山にも銀行が開設されました。父親も他の士族がしたようにそのうちの一つである、国立第二十二銀行の銀行員として就職するんですね。そして、玉島、今はもう倉敷市になってますが、この玉島というところに、銀行の出張所ができて、そこに父親と一緒に住んでいます。その後、ここに書いてありますが、私立乾行義塾という聞きなれない名前の学校を修了となっています。我々は最初、これだけの英語ができる人なら、これだけの業績をもつ人なら、この当時は絶対に旧制中学を出て旧制高校に行って、そして、大学に、例えば、京大だ、東大だのに行かれているに決まってると思いました。そういうことで、まず岡山に行って、岡山の旧制中学

の歴史を持つ高等学校の同窓
会名簿を頼りにずっと調べて
みたのですが、名前がないん
ですね。で、おかしいなとい
うことだったんですが、どう
も、出張所のあった玉島の阿
賀崎の尋常小学校か高等小学
校を出てからあと、どのよう
に過ごしていたのかちょっと
わからない。実恵さんの残し
た例の記録にも、その記録が
ない。とにかく、残念ながら
高等小学校か尋常小学校を出

資料-3

竹原(たけはら)実恵(じつえ) 著述業　岡山県御津郡芳田村在籍
明治十八年十一月二十八日小池武八の三女に生れ
ドクトル・オブ・フィロソフィー神戸商大教授スタ
ンダード和英大辞典スタンダード英和和英両辞典
ソーンダイク基本単語基本構文等の編著者常太に
嫁す同三十九年同志社女専英文科卒業米国マサチューセッツ州ウエルスレー
同四十五年米国マサチューセッツ州ウエルスレー
女子大卒業バチェラー・オブ・アーツの学位を受け
昭和二十二年六月以来亡夫の遺稿整理に従事す趣
読書◯基督教

人事興信録（19号）、昭和32年

てから、この神戸の乾行義塾で学ばれるまでがわかりません。
もっとも、この小学校が阿賀崎であるという確証もありません。この小学校の校長先生に調べてもらったのですが、明治20年以前の入学者の記録は残されていないとのことでした。

　しかし、アメリカに渡った後も、その当時の幼なじみというか、土地の人たちとの文通があったことは残されている絵葉書や日記によって知ることができます。岡山を出た後も長く続く友情を育むことができた子供時代を送ったのではないかと思われます。

　この乾行義塾というのは、江戸末期に八丈島にあったもので、八丈島に外国船、特にアメリカの船が立ち寄ることが多かったとかで、船員と八丈島に住んでいた日本人女性との間に子供が生まれた。その子供たちを教育するための施設とし

てつくられたものだったらしいのですが、これが、港町神戸に移ってきて、今は中山手通りになってますが、イギリスから派遣された宣教師の人たちがここで英語を教え始めたことから学校となったという歴史をもっています。この学校については、二人目の教師が辞めるときに、どういうわけかわかりませんが、学校の資料を全部燃やして帰国してしまったそうです。だから、一体どういう授業をやっていたのか、どれだけの卒業生がいたのか等については記録が残ってないんです。したがって、この学校については、『神戸区教育沿革史』（復刻版、昭和57年）や、神戸市熊内にあります、県立文書館にある統計資料集から推察するしかありません。しかしこの統計資料にもわずか2頁分しかありません。それも、明治の終わりごろのものですから、常太がここを修了し、上京したあとのものになります。ここで英語を勉強した。この履歴書ではそのまま渡米となってますが、実は、神戸の現在の旧居留地ですが、あそこの江戸町あたりに外国銀行や商社があって、その中の一つに勤めていたことは実恵さんのメモからうかがい知ることができます。居留地の地図を探して、どこの商社なのか、いろいろと調べた結果、二つほど候補があります（が、まだ確証がないので言えません）が。さて、乾行義塾で英語を勉強し、自信があったんでしょうけれども、外国人商社で実際に働いてみると、ろくに英語が書けないということで、その支配人というか、上司のイギリス人、アメリカ人に非常にばかにされたそうです。このときに、英語を書くときに実際に役立つ辞典の必要性（その当時彼が使っていた辞典ではものにならなかった）を痛感したということ

を、後々、実恵さんが残された新聞記事のスクラップの中で述べられています。その後、彼は、アメリカに留学してるんです。これは第一回目の留学なんですけど。このときも、一体どのようにしてアメリカに渡ったのか、資料２頁の８を見ていただきたいと思います。(本文中の資料-4)これも実はそこにちょっといきさつを書いておきましたが、幸子さんによってワープロ化された略伝中から私が必要と思われるところを抜き出して、不明なところに手を入れたり、空白にして、整理し直したものです。この日記の記述によって、第一回目の渡米のときのようすがわかります。校長先生のところに下宿して、学校に通っている。非常に寒い、零下何度、本日何々と出てきます。これを見ますと、明治の終わりごろの日本人が留学したときにいかに真剣に生きていたかということを示す典型的な日記だということがわかります。特に注目したいのは、やはりキリスト教に対して非常に深い関心を持っていたことでしょうか。下の方に書いてありますが、「教科を熱心に調べること。それから、思想に、他のことにしらけざること。第一に修養を旨とし、軽々しき言行を慎むこと」と。これを見ますと、我々は、これは独立戦争時代に活躍したベンジャミン・フランクリンの若いころの生活態度そっくりですね。こういうふうにしてアメリカで勉強したんだと。そして、彼は、このときに毎日、毎日、そこに書いてありますけども、さまざまな新聞や雑誌を読んでいますね。そして、資料となる材料を集めています。そして、もう一つ注目すべきことは、前に触れましたが、アメリカに行ったら、行ったきりではなく、ひんぱんに日本から手紙をもらっている。そし

てまた、手紙を出しています。ここのところは非常に興味深いものだと思いました。あの明治の時代にあって、遠いアメリカに行って、友人や親族に手紙を書いたり、あるいは、貴重な雑誌類を日本に送っている。この心がけというか、配慮ですね。人格、人柄の一端を見たような気がいたします。

ところで、通ったミルトン・アカデミーというのは、大学ではなくて、日本で言えば予備校に近いもので、ここで勉強して、それから後、大学に進んだということですね。言ってみれば、プレップスクールというか、そういう感じのものなんですが、ここを出ます。本国からの仕送りはどの程度あったかわかりませんが、そこに書いてありますように、この学校の掃除などの雑役をすることによって賃金というか、小遣いをもらう、こういうふうな生活をしていたみたいですね。一旦帰国します。また、履歴欄に戻るんですけれども、そこにあるように、明治38年に帰国して、39年から東京のいくつかの学校、そして、軍関係の英語教師として働いています。正則中学校とありますが、これは現在は東京芝の、東京タワーの下にある正則高等学校という学校にあたります。これは同校の同窓会名簿に名前が出ています。それから、私立日本中学校とありますが、これは、杉浦重剛という皇室関係でも非常に有名な、日本論の大物だった人が創った学校で、現在も世田谷区に松原高等学校として残っています。ここでも英語を教えています。それから、もう一つ、陸軍師団とありますが、これは、実はなかなか証拠を集めるのは難しいとあきらめていましたが、書庫に保管されてあった手紙類の中に、ここの師団長から、『スタンダード和英大辞典』を竹原が寄贈

Ⅰ　英語研究の"メーンストリート"　　87

資料 - 4

1901（明治３４年）
３月　９日　　　本日安息日
　　２１日　　　木曜日　　零度以下１度
　　　　　　　全能の神は、この下僕に限りなき愛を下し給うて、前週に賜りたる
　　週を送らせ給いし事を深く感謝。愛に満てる神よ総ての誘惑と戯れより救わせ
　　たまえ。主よ、限り愛を此の下僕に入れさせ給え。
　　The spirit is indeed willing but the flesh is weak.
　　２２日　　　金曜日　　零度以下４度半　　通例祈祷会に出席す。
　　２３日　　　本日午後、ロックリバー教会における、クゥータリー集会に出席したた
　　め、午後スレーにて一行６人出発す。午後７時頃帰宅す。〈**本日サンフランシス
　　コ港にてPIS　DEJANIRS号に乗り上げ、沈没す。溺死者百二十二人**〉
　　２４日　　　以下４度　日曜日　　本日ダンボス店にて新報一通購う。
　　２５日　　　零度以下６度　　本日左し通り書信郵発送す。
　　　　　　　竹原多喜　〈**書面一通、晩秀週報**〉
　　　　　　　玉島藤井、虫明　〈**晩秀週報、書論一遍**〉
　　　　　　　原田、伊木　〈**新聞一通、辞書**〉
　　２６日　　　本日午後７時より White Martin 師範校長授業にて、演説す。題は Worth
　　　of Man. 本日小野長次氏より来書す。
　　２７日　　　本日零度以下５度　本日午後　Oratorical Exercise あり。
４月日誌
　　３日　　　３月２６日閉校以来校内の清掃に従事す。
　　　　　　　３日迄の労働時間合計４６時間。
　　　　　　　余は聖約す。　　Bring faith therefore fruits meet for repentance.
　　　　　　　左し数項を堅く守ること。
　　　　　　　１．教科を熱心に取り調べること
　　　　　　　２．志想に他の事に白けざる事。
　　　　　　　３．第一に修養を旨として、軽々しき言行を慎むこと
　　　　　　　４．毎朝夕祈祷を怠らず、聖書を熱心に研究すること
　　　　　　　５．夜は十時半に伏し、朝５時半に起きること
　　　　　　　本日左し通　書面発送す。
　　　　　　　小原長太郎　〈**東京毎週**〉、　竹原多喜〈**カレッジレビュー**〉
　　　　　　　父上様、藤井様　〔独立雑誌〕
　　　　　　　磐田兄より書面来着す。
　　４日　　　本期修学、学課は英国史、近吉史、英文学。
　　５日　　　本日雨天
　１５日　　　本日５ドル７５セントを休業中の労賃として受け取る。
　１８日　　　本日金２円五十、カレー、金庫帳と共にセブン氏より落手す。
　　　　　　　　　　　　　　　　　　　　　　　　　　（文責　滝・稲積）

　したことへの礼状がありました。やはりここで英語を教えら
れたのではないかということの証拠になるんだと思います。
当たり前の話ですが、履歴書に虚偽を書くことはふつうあり
ませんから。
　この間、履歴書にはないんですが、実は、資料の５とい

うところに、*A Collection of Idiomatic English Phrases*（『英語慣用句詳解』）とあります。（資料-5）これは、この時期に常太が書いた本なんですね。書庫にはありませんでした。私が知る限り、現在のところ、国立国会図書館に1冊、初版があります。ただし、非常に状態が悪いということで、実物は見ることはできませんが、マイクロフィッシュ化されていますから見たりコピーすることは可能です。これがそのコピーをとって製本したものです。非常に不思議なことというか、これが興味深いところなんですけれども、イディオムという言葉は我々はよく知ってますが、ここでの idiomatic English phrases とは何を指すのでしょうか。定義が一切ありません。それから、この本の目的は何なのか。そういうものも一切ないんですね。三省堂から出されたものです。この本の契約書も残っています。初版にははしがきもなく、とにかく、ただここにあるように、表紙にタイトルがついているだけ。そして、いきなり本文が始まっています。で、次の年に、第2版が出ています。ということは売れたんだと思うんですが、このときに、のちに、『スタンダード和英大辞典』の製作編集をめぐって因縁の決別をすることになった、当時の英語教育界の大物、神田乃武（男爵だったので、神田男とか神田男爵とかいうふうに呼ばれています）が、この第二版に序文を載せています。彼は、当時、独学で英語を勉強して、試験を受けて合格すれば旧制中学や高等学校の教師の資格を与えられる、英語科教員検定試験の委員だったんですね。二人が知り合ったいきさつについてはすでに『英語青年』などに書かれているのでここでは詳しく説明しませんが、資

資料-5

A COLLECTION OF IDIOMATIC ENGLISH PHRASES NOW IN USE

1. If Kuropatkin has *got a start of* his pursuers, he is not yet *out of the wood*.
London Times.

2. I must have been *out of my head*. (Cf. 672.)
Argosy.

3. He arrived at the tents just *in time*. *Ibid.*

4. Thank heaven the east-bound train's *on time*.
McClure's Magazine.

5. Theodore Roosevelt *has broken all records* in American public life in two important respects.
Chicago Record-Herald.

6. George's mother had a fine sorrel horse that was so wild that nobody had been able *to break it in*.
Buffalo Express.

7. The gale had *blown itself out* next day, but it was a bitter morning when we started upon our journey.
Strand Magazine.

8. Captain Behr, of the Oslyabya, *blew out his brains* as the ship went down.
London Times.

9. The Russians, it is understood, are *short of* ammunition *at the front*.
Ibid.

10. It (true service) is *nothing short of* that which can indeed bless your fellow creatures.
Tribune.

11. Never since then has he *set foot on* Kentucky soil.
McClure's Magazine.

12. I can claim the honor of having set the thing *on foot*.
Argosy.

13. On their way home they *fell in with* the transport Kinshu Maru, and sank her with most of the soldiers *on board*, who refused to surrender.
Graphic.

14. Such is the *drift of the times* that a book like Uncle Tom's Cabin, with its tremendous moral appeal, would probably *fall flat* to-day.
Buffalo Express.

15. St. Petersburg and Tokio have taken this question of peace or war *out of the hands of* Portsmouth.
London Times.

16. They decided that I was a spy and must be shot *out of hand*. (Cf. 698).
Windsor Magazine.

17. Bushido, it must be remembered, was *in full force* when Japan was a closed country.
Spectator.

解 譯

1. クロパトキンは追撃勢(日本軍)に先じて退却せしとするも当危險の地位にあり。
To get a start (of)=to be beforehand.
Out of the wood=out of danger, in safety.
Example.—The patient is said to be out of the wood.

2. 屹度狂氣して居たに相違ない。
Out of one's head=(Colloq.) insane or delirious.

3. 彼が丁度夜の食ふ樣に天幕に着いた。
In time=(1) sufficiently early; (2) finally.
Example.—(1) You are just in time for dinner.
Example.—(2) The lecturer declared that China might, in time, become a greatest commercial nation in the world.

4. 有難い事に東行列車は延刻して居りません。
On time=(1) not later than the fixed time; (2) (U. S.) promptly present.
Example.—(2) All the worshippers were on time.

5. セオドル、ルーズヴエルト氏は二つの重要事件に關して米國に於ける從來前に先づ例のないことをした。
To break a record } =to surpass all previous records of
To beat a record } any specific feat.
Example.—(a) Lord Strathcona has the Canadian record for philanthropy.
Example.—(b) Mr. Tanaka holds the record for long service.
Example.—(c) Mr. Harris traveled 21,000 miles during this year. This is a record that will be hard to beat.
Example.—(d) One of our boys has broken the world's record by running two miles in fourteen minutes.

6. ヂョーヂの母は誰も馴らすことの出來ないだ一頭の美しき茶褐色の馬を持て居りました。
To break in=(1) to tame, to train to something; (2) to enter by force or burglariously.
Example.—Our house was broken into twice last month.

7. 大風は翌日に至て歇みましたけれども私等の旅行の途に就いた日の朝は霜た寒うありました。
To blow itself out=to cease to blow.
To blow out=to extinguish by a current of air.
Example.—Will you blow out the light when you go out of the room?

8. オスラビア號長は同艦の沈沒と共に自殺を遂げた。
To blow out one's brains=to commit suicide by shooting one's self through the head; to shoot through the head.
Example.—The robber threatned to blow his brains out, if he made any noise.

料の４がその英語で書かれた序文というか推薦文です。（資料-6）第二版は早稲田大学の総合図書館に１冊収蔵されています。これは閲覧するだけでコピーができないので、鉛筆で私が書き写したものです。写し間違えたところがあるのではないかと、もう一度、閲覧許可をもらって確認しなければと思っています。この序文を読むと、この当時から既に非常に受験競争がひどく、まともな勉強ではなかなか中学に合格できなかった状況があったことがわかります。そのような厳しい受験競争に勝つためには、やっぱりこういうような本を使って勉強しなければならないとある。一読するだけであたりさわりのない推薦文であることがわかります。で、興味深いのは、この本をどう評価したらいいのか、神田自身も困ってるんですね。例えば、アルファベット順にイディオムを並べていくならば、そういう並べ方があります。あるいは、ある話題、季節だとか、あるいは、旅行だとか、そういうような項目に沿ってイディオムを含む英文を並べていって、一冊の本にするならば、それもいいんですね。ところが、この本を読んでみますと、一体何を基準にこのイディオムを一つ一つ並べたのか、何回見てもわからないんです。しかし、本を出す以上、出版社としても当然目を通すわけだから、これはおかしいよというようなことを言われたんじゃないか。しかし、それに対して何か納得いく説明があったためにこのままでいったのかもしれませんが、どうも collected というよりも unconnected なんです。一つ一つの例文のフレーズが関連性なく並べられているとしか思えないのです。話題もあちこちに飛んだりしている。このことは、実は、資料の３の

ところにありますが、『英語の日本』という、常太自身も後で触れる近松の論文を載せている、この雑誌の新刊紹介欄にごく短い批評が出ていますが、ここでもやはり、ずばり、この並べ方、フレーズを一体どういう基準で並べたのかさっぱりわからないというようなことが書いてあります。(資料-7) 著者の意図はどこにあったのか未だに理解できません。非常に頭のいい人なので、何かでたらめに思いつきで並べたのではないと思いたいのですが、例文を毎日眺めてカードにして並べかえても、どういう原理によってこの本ができたのかわからない。彼が第一回目のアメリカ留学中に集めた、生の材料、毎日読んだ雑誌や新聞から切り集めた、この資料をアメリカから持って帰って、それを使ってこの本を書いたみたいですね。実際にこの内容は、資料の5のところに載せておきましたが、このように本の前半部に彼がイディオムと考えるフレーズを含む英文1,000例をざあっと、まとめて並べています。そして、後半部に解繹という表題のもと、前半部の例文一つ一つに日本語訳と英語によるそのイディオムの簡単な説明や英文例を与えた形式になっています。日本から遠く離れたアメリカに生活しながら、雑誌を読み、新聞を読んでいる。そのときに彼が一体何を考えていたのでしょうか。日本人にとって実際に役立つ和英辞典をつくる。ならば、そういう辞典のための例文が必要だということは言うまでもありませんけれど。1,000例を全部調べて、分野別に分けてみると、軍事、特にその当時はロシアとの戦争、あるいは、外交交渉、そういうような例文が非常に多いんですね。はじめの200題中42題、これが戦争、軍事関係なんです。先ほど

資料 - 6

Preface

As long as only a small percentage of the graduates of middle schools can find room in higher and special schools every year, the evil of competitive examination with its attendant "cram" will be inevitable.

Five years' systematic study of English in the middle school is not sufficient to enable a student to face such a test with any degree of self-confidence. Hence the demand for various hot-house devices to force the growth of this lingujistic part.

Mr.Takehara's new book is valuable addition to the list of such devices. He has collected in the course of his sojourn abroad and of his wide reading a vast number of difficult and idiomatic phrases met with in every day life and in current literature, and has now carefully explained them for the benefit of English students.

A mere perusal of these pages filled with unconnected passages would be dry indeed, and the attempt to memorize them futile. The best plan would seem to me to write out other sentences of one's own making., illustrating the uses of those very expressions one may wish to remember. This will afford him a good exercise, and enable him to fix them the better in his mind. In short, the student must put in his own effort in order to reap the full benefit of using such a book as this, and the amount of good he will get out of it will correspond to the amount of well-directed effort made in its study. Let the means be ever so perfect. "There is no royal road to learning."

N. Kanda

Tokyo, October, 1906

『英語慣用句詳解』(第二版)、三省堂、1907(早稲田大学付属図書館蔵)

話しましたが、彼はこの当時非常に熱心にキリスト教徒的な生活をしていましたね。そのせいか、次に例文で多いのは、いわゆる、道徳、人間の身の処し方に関係するものです。それからもちろん、この本の目的である、英語力をつけるためということで、日常会話表現。それから、日常の生活での動作表現です。"我々は考えました"とか、"行きました"とか、何々しました。こういうような例文が非常に多い。それでも、やはり突出しているのは軍事、外交なんですね。その当時、新聞や雑誌に日本の事は、ほとんど出ていなかったと思われます。日本はまだ欧米において問題にされていなかった。新聞や雑誌に出るならば、それは日露戦争ぐらいで、文化的な面において日本を紹介するとか、日本のことを取り上げるということは非常に数が少ない。クロポトキン、若い人たちは

知らない名前なんですが、古い人たちにとっては懐かしいというか、よく知ってる名前だと思うんですが、そういうものが一番先に来る。潜水艦が沈んだとか、そういうも

資料-7

新 刊 紹 介

英語慣用句詳解

は竹原常太氏が英米の新聞雜誌より一千の idiomatic phrases を抜き來り之れに譯註を施したるものにして原文百頁に對し譯註 147 頁にして 34 頁の index あり之れまでの類似の書と異なり特色とする點は其材料を悉く新聞雜誌より採りしにあり,其譯註の部は始めに譯文を揭げ其中の難句を英語で略解し之に更に example を附したれば親切なる樣なれど註は熟語字書にでもありさうなもののみを揭げ其他に對し難き處あるも説明なし。

(定價三十五錢,三省堂發行)

「英語の日本」第１９巻第１４号, 大正５年、復刻版

のが多いんですね。その当時の世界事情を反映した興味深い本でもあり、また、神田乃武の序文といい、並べ方といい、なぞめいた本と言えます。この『英語慣用句詳解』が略歴欄に載っていないのは、竹原家の書庫にこの本は残っていなかった。そのためなのです。

　明治43年、再びアメリカに渡りました。今度はいよいよ本格的に大学に行って学位を取り、最終的にはニューヨーク大学の大学院で、近松とシェークスピアの比較研究によって博士号を取っています。そして、帰国となります。このときもやはり一回目と同じように、留学中に集めた資料を持って帰ってきています。いよいよ辞典作成の仕事に入るわけです。この間のことについては、その当時の『英語青年』などに一緒に仕事をした人たちの回想記等が残っていますが、神田乃武の紹介で、三省堂から辞典を出すことになった。ところが、三省堂はその当時、『日本百科事典』という非常に大

部な百科事典をつくって、これがこけてしまって、営業不振に陥った。そのときに、竹原が計画していた大部な辞典をつくるだけの余裕がなかった。それからもう一つは、この竹原自身の辞典づくりの方針は、最初のところで言ったように、それまで行われたような、東京流の辞典の作り方ではないんですね。英米で出版された辞典を、和英辞典にするのではなくて、向こうで集めてきた生の資料をそのまま使って、だから、自分で英語をつくったりなんかはしない。すべて実際に使われている英語を使って和英辞典を作ろうとしました。非常に大変な仕事、大きな分量になる、ということで、多分、三省堂ともめた。その紹介者が神田乃武なんですね。そして、神田乃武が、実はこの辞典を三省堂はやめる方針であることを、竹原常太あてに英語の手紙をだしています。その手紙が残されています。三省堂の誰が主だったのか、このことに関しては、手紙のなかでは Mr. N としか書いてないんですね。Mr. N が間に入って、この辞典ができなくなったという。その Mr. N についてと、旧制神戸高等商業学校に着任してから、再び念願の和英辞典作りを始めたこと、大阪の宝文館から辞典が出版されることになったいきさつについて、堤美佐子さんが論文に書かれています。校長水島銕也を中心に、辞典出版の発起人会を結成して、学校の同僚や関西の財界や教育関係者などの賛同者からお金を集めて、そのお金で和英辞典を出版することができた。これについては、それはもうすべてさまざまな資料がきちんと残されています。この事業は大成功に終わり、辞典は広く迎えられました。購入者からの辞典についての感想や賛辞の手紙、葉書が編著者や発起人会宛に

読みきれないくらい寄せられています。これらの多くも実恵さんによって整理されて残されています。また、辞典大成功の大きな力となった学校に対して竹原が辞典からの印税を寄付したときの感謝状も入っています。『スタンダード和英大辞典』というタイトルになってますが、これに関しても、すでに堤美佐子さんが同じく論文に書いてますから、詳しく触れません。

　書庫にあった段ボールや石鹸、菓子などの箱に辞典作成のための新聞や雑誌からの英文の切り抜きがびっしりと詰められていました。カミソリかあるいは鋭利な小刀で丹念に切り取られ、そのままのものもあれば図書館用の目録カードにきれいにのりで貼り付けられたものもありました。また、外見は汚れひとつない本なのに頁をめくるといたるところが数行に渡ってきれいに切り取られているものも多くありました。例文用に本も利用したのでしょう。同じ本が２冊見つかり、一冊は無傷、もうひとつは横長の穴だらけという状態のものもあります。辞典や教科書作りの一端をうかがい知ることができた気がしました。

　以上、乾行義塾で英語を学び、２度のアメリカ留学で受容したアメリカ文化の成果としての二つの業績を紹介いたしました。しかしながら、異文化の受容を経験しながら竹原常太のなかに日本文化に対する関心がたかまってきています。英米の辞典や文学、風物、科学関係の書籍に混じって、歌舞伎、人形浄瑠璃、演劇関係の和書が夥しく残されています。神戸高等商業学校の演劇部の顧問として指導していた記録やご夫婦で浄瑠璃を観劇したときの入場券の半券が

残されていますし、英子さんにお聞きしますと、趣味として演劇、とくに歌舞伎や人形浄瑠璃を好んだとのことですが、まさにそれを示す、蔵書の特徴のひとつと言えると思います。いつのころからかはわかりません。アメリカ留学以前から興味や関心を持っていたのではないでしょうか。そうでなければ、アメリカにありながら、これからお話しする、近松とシェークスピアの比較研究がそう簡単にできるわけがないと思います。

　さて次に、この講座の目的のテーマ、「交流」にもどり、竹原常太がニューヨーク大学に提出した博士論文を取り上げたいと思います。この博士論文ですが、現物は日本には残っておりません。履歴欄に名前がある、ミルトン・アカデミーや卒業した他の大学の修了証書、卒業証書は、実恵さんのものも含めて残っていますが、ニューヨーク大学の学位証書は見つかりませんでした。しかし、博士号を授与したとの大学からの手紙はあります。先ほど、現物はないと申しましたが、恐らく下書きであったか、あるいは、副本であったか、タイプ打ちの原稿が、2部書庫に残っております。多分、それと同じものか、あるいは、抜粋したものが、帰国してすぐに『英語の日本』に載せられたのだと思います。これについては、「英語青年」（第16巻16号、明治39年）の"四方八方"と題する欄に、次の記事を読むことができます。

> □「近松：彼の思想と藝術」を通して本郷に紹介した竹原常太氏は、多年米国に在って英文學及び哲學を修められ此の程帰朝された人。近松と沙翁の比較研究は、此の際特に吾人の注意に値するものと思ふ。

　近松とシェークスピアの比較研究ということで学位を取ったわけです。この比較ということば、例えば、比較文学、比較文化という言葉があって、この大手前大学の大学院でもそれが特徴になっているんですが、何を比較するか。ただ、全く関係ないもの二つを、あっちとこっちはこう違うということでは比較にならない。比較するためには、やはり基準がなきゃならない。そうすると、大体、学問的には、精神的交流というか、影響しあうということ。あるいは、片方が他方から影響を受けたという、それによって芸術や文学作品に何らかの影響が見られる場合、そのときに初めて、比較対象というか比較研究が成立するのではないかと。そういう感じで比較というものをとらえたときに、実は、近松とシェークスピアを比較するのは一体どんな意味があるのだろうかと。こういうふうに誰もが抱く疑問だと思うんですね。そして、今からまだ30年、40年ぐらい前でさえ、比較文学なんていうのは学問じゃないよと。そんなもの、近松とシェークスピアと比較して、それが学問か。それだったら何でもできるじゃないか。ということで、なかなか比較が世間に認知されなかったんですが、あえて、この近松とシェークスピアということを取り上げている。では、これについて、彼が一番先かとい

うと、実は資料に挙げてありますが、坪内逍遥が、かなり早い時期から、近松とシェークスピアの比較研究をしてるんですね。シェークスピアは1564年に生まれて1616年に亡くなっています。エリザベス女王一世と重なる時代でした。近松門左衛門は、1653年に生まれ、1724年に亡くなっています。だから、両者は重なっていませんし、大体日本とイギリスですから、精神的交流や思想的交流があるわけはない。もしも比較をするとするならば、結局、少し時代は違うけれど、30年位ずれてるけれども、大体、時代的に近いという中で、この二人の偉人がどうやって劇作という世界に挑んで、どんな結果を出したのか。そういう観点から見るならば、確かに近松とシェークスピアの比較というのも頭から否定することはないわけです。以下は、明治二十四年に書かれた、"『マクベス評釈』の緒言"（日本文学全集Ⅰ　坪内逍遥・二葉亭四迷・北村透谷集、筑摩書房、1977年）からの引用です。

　勿論、こは理想の上のみの解なり。美術家としての伎倆の上には、其のころの予とても、二者を同じさまには見ざりしなり。これによりて案ずるに、近松もしエリザベス時代に生まれて、英文にて世話物を書き残し、ニコラス・ロー出でて、そが伝を調べ、ジョンスン・ポープいでて、そが作を再販し、解釈し、称讃し、コールリッジ、ハズリットいでて、批判し、激賞し、マロン、ワーバートンらいでて評註し、近松研究会成りて、称讃し、アボット、シュミットらいでて、文典、字彙を作りて、レッシング、ゲーテいでて、さらに尊く、仏に、独に、米に、魯に、近松をもてはやすもの増加するに至りな

ば、たとひシェークスピアに及ばずとするも、是等多数人数の功力にても我が国の浄瑠璃作者にて終らんよりは、はるかにまさりたる位置に上りつらんかし。其の故は、近松の世話物も、シェークスピアの作に似て、頗る自然に肖たればなり。

　これを読むと、私の認識不足をさらけ出すようですが、この時代にこれ程までに明治の人が英文学の知識があったのかということに非常に驚かされます。今の英文科の学生でも、ジョンスン、ポープ、ニコラス・ローと、そして、シェークピアの死後、全集を編集、あるいは、注釈の仕事をしたこのような英文学史上非常に有名な人たちの名前を知っている者は少ないと思います。それが、ここには、まだ明治の時代に、ここまではっきりと書かれているということに対して、ある部分においては、日本のインテリ層は非常に知識があったということ、そういうふうなことにおいて非常に感心するんです。そして、実際に彼は、資料の 9 に飛びますが、吉川弘文館の『坪内逍遙』に何年の何月に何をやったかという、そういう動静が年表式に書かれています。その中に、実は近松とシェークスピアについての論文をイギリスに送っているということが出ています。(資料 -8) だから、竹原常太が、『英語の日本』に近松とシェークスピアを書いた、それと同じころになります。彼は日本語で書いて、伊地知純正という、後に早稲田大学の英語教授になった人が英訳しています。余談ですが、この先生は戦後、『東西文化の交流』という英文の随筆集を研究社から出されています。「交流」という表現が非常に印象的だったことを覚えています。資料の 12 をご覧

ください。（資料-9）早稲田大学元教授の斉藤一寛著、『坪内逍遙と比較文学』を読みますと、坪内逍遥の両者の比較の方法がわかります。斉藤によれば、明治30年に坪内が早稲田大学で"近松とシェークスピアとイプセン"という講演をして、これを次の年の早稲田大学の学術雑誌に出したものだそうです。この当時の比較の一つの方法として、例えば、時代だとか伝記の不明なる点とか、あるいは、作品が後の人によって書きかえられたとか、あるいは、作品の多様性とか、こういう18の項目に関して、シェークスピアと近松とを比べています。"『マクベス評釈』の緒言"のほうは、単なる形式的比較ではなく、作品の本質を突くような批評の目でもって二人を比べていますね。それはそれでいいんですが、なぜ坪内に言及したかというと、竹原家の書庫に、坪内逍遥（雄蔵）から竹原常太宛の『スタンダード和英大辞典』の礼状が残っています。（資料-10）この手紙の存在を坪内と深い関係にある早稲田大学演劇図書館が把握しているかどうか知らないんですが、ともかく、逍遥は竹原常太が贈った和英大辞典の礼状を書いてる。全文を紹介できませんが、彼は東京と熱海の生活をしていた。そして、この辞典が出版されたときに1冊買い求めた。そのあと常太氏が贈ってくれたので、これは熱海に置いて使いたいという、そういう内容の手紙なんです。坪内逍遥からの礼状が残っている、ということは、少なくとも坪内と竹原常太との間に何らかの交友関係があったと判断してもいいと思います。では、どんな事情から知り合うことになったのかについては推測の域を出ませんが、竹原が一時期生徒として通い、後に手伝いをした、坪内も教え

ことのある、英学者磯部弥一郎が主催した英語学校、国民英学会のつながりか、近松研究の同学の志としてか、あるいは、坪内逍遥は劇団員を引き連れて全国各地を演劇を見せに回っています。記録によれば、関西にも来て芝居を見せています。そのときに、恐らく、演劇好きであった常太は観劇に行ったのではないか。そこで知り合ったのか、これについてはまだ調査中で結論は出ていません。とにかく、坪内が竹原常太に対して礼状を書いてる。少なくとも辞典を贈り、丁寧な礼状をだす関係にあったことは確かです。そういうことで坪内逍遥のことに触れた

資料-8

大正八 一九一九	大正七 一九一八	大正六 一九一七	大正五 一九一六
六一	六〇	五九	五八

大正五：〇月、「醒めたる女付現代男」、一一月、「真夏の夜の夢」公刊〇一〇月から「絵入文庫」監選〇一二月から「通俗世界全史」監修

大正六：三月末まで熱海で送る〇名古屋・京阪を回り、天の橋立を見物〇四月一〇日、帰京〇五月妻湿疹治療のため共に箱根芦の湯に移る〇六月、熱海に移る〇この年後半は東京に過ごし、年末に熱海に移る〇雑誌「新演芸」顧問となり、毎号執筆。九月号に「役の行者」の改稿「女魔神」を発表〇英国刊行の「沙翁敬仰の書」（ケ・ブック・オブ・ホーメイジ・ツー・シェークスピア）に「シェークスピアと近松」寄稿〇一〇月、旧文芸協会の敷地全部を売却、負債をほぼ片付く〇一二月、早大維持員会を説き、小林文七所蔵の芝居錦絵・番付類を購入させた〇三月、「マクベス」公刊

大正七：胃酸過多に悩み、不眠癖募る〇四月、「名残の星月夜」脱稿〇早大騒動拡大、その解決のため奔走を余儀なくさる〇七月、「実演合歓桐一葉」、六月、「実演合歓桐一葉」、九月、「劇壇の最近十年」公刊〇一月から四月まで熱海に滞在〇六月、早大総身維持員・名誉教授の辞表提出〇八月以降年末、腎臓炎を病む〇年末、熱海に移る〇五月、「名残の星月夜」、七月、「義時の最期」、九月、「以尺報尺」、一一月、「法難」脱稿〇妻同行・名古屋方面へ旅行、妻同行〇同年末、協議、上行を離籍〇一一月、「冬の夜ばなし」、「二月、「リチャード三世」公刊

大正八：四月末まで熱海滞在〇二月、熱海水口村に三百坪の地所購入〇五月、「我の星月夜」、九月、「義時の最期」、九月、「以尺報尺」、一一月、「法難」脱稿〇郷里太田・名古屋方面へ旅行、妻同行〇同年末、協議、上行を離籍

『坪内逍遥』、大村弘毅著、吉川弘文館、１９５８

資料-9

B 対比研究としての「近松対シェイクスピア」
1 対比の問題
2 近松とシェイクスピアの対比
　a 世に出た経歴の類似点
　b 伝記の不明なる点
　c 時　代
　d 上流社会との交際
　e 当代の演劇の長所の綜合者
　f 演劇の大集成者
　g 添削ないし合作をした点
　h 演劇末発達のもたらした得失
　i 作品の多様性
　j 良き協力者を得た点
　k 良き競争者の存在
　l 作者不世出に作品が出版されたこと
　m 劇界不世出の偉大なる作家であったこと
　n 劇作家としての特質
　o 芸術上の類似
　p 作品に現われた個人としての性格
　q 両者に対する反論
　r 後世において作品が改悪されたこと

『坪内逍遙と比較文学』、斉藤一寛著、二見書房、1973

次第です。そこで、いよいよ本題にようやく入ることになりますが、前にも言いました、この『英語の日本』は大正時代に出ている英語雑誌です。調べてみると、斉藤和英辞典として今でも珍重されている、大部の和英辞典の著者であり、英語教科書著述家であり、正則英語学校の創設者でもあった、余りにも有名な斎藤秀三郎という英学者が創刊した雑誌なんです。そして、この斉藤秀三郎と竹原常太との関係についてもおもしろいんですが、斉藤秀三郎の死後、蔵書は、幾つかの大学の図書館に斉藤文庫として保存されています。しかし、その中のひとつ、鶴見大学の文庫には竹原常太の著作物は1冊も入ってないんですね。それから、竹原常太の蔵書の中には『斉藤和英』と『英和中辞典』の2冊しかありませんでした。生きた英語、生の英語を使って辞典を作るという、そういうやり方に対して、まあ、斎藤秀三郎はこころよく思っていな

資料 -10

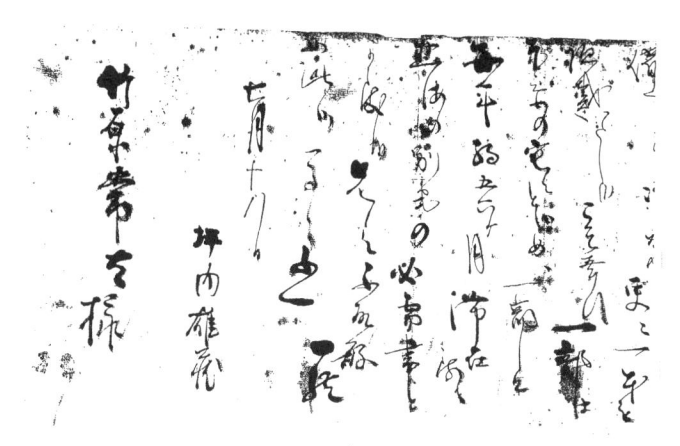

坪内逍遙（雄藏）からの竹原常太氏宛礼状の一部、大正１３年

かったのではないかと思われます。（断定はできませんが。嫌いだったみたいです。お互いに。）斉藤秀三郎が始めた、この『英語の日本』に、帰国してすぐの竹原が、論文を寄せている。恐らく、これがニューヨーク大学で学位を取った論文を要約したか、あるいは、その一部を載せたものと思われることはすでに述べています。資料として、『英語の日本』（復刻版：出来成訓監修、本の友社、1998 年）に載った近松とシェークスピアの論文の一部を載せています。[3] この論文と書庫に残されたタイプ原稿の異同についての調査は今後の予定です。

　竹原は、坪内逍遥と違って、近松の作品論ではなくて、近松の芸術的な観点からの作品の書き方について、シェークスピアと比較対照しています。そして、英文を読んでみますと、

ほとんど日本人臭さがない。さすがにアメリカで勉強しただけのことはあると思いました。非常に滑らかで、しかも、決して品の落ちないしっかりした英語で書かれている。これだけの英語を書けたらと英語教師のはしくれとして羨ましいばかりです。正統的な勉強をしていますから、論文の構成が日本人のものと違って、大正時代の初めですが、きちんと、今の英文科の修士課程、博士課程の学生が書くような論文形式になっています。まず、悲劇というもの、トラジディというものはどういうものかということを、古代ギリシャから始めています。ギリシャ人にとっての悲劇とは何か、悲劇の定義から入っています。すなわち、悲劇というのは、普通の人間がただ単に不幸になったのでは、悲劇にならない。やはりギリシャ人にとって古典的な悲劇とは、支配者、権力を持った人間、偉大であれば偉大であるほど、それが運命の神に逆らい、あるいは、運命の神の逆鱗に触れて落ちてゆく。命を落とすことすらある。この状況こそ悲劇であるという。これが西洋における悲劇観なんだと論を展開していきます。この悲劇観は時代が移り、中世になっても変わらないと続けます。チョーサーの『カンタベリー物語』に言及し、やはり悲劇はヒーローが大きく、偉大な者でなければならないと。中世からシェークスピアに続き、シェークスピアもまたこのとおりであると。シェークスピアもまた庶民のさまを描いていない。やはり支配者であり、王であり、権力者、これが、結局、運命に翻弄されて命を落とす、失脚していく。そのさまをやはり踏襲しているんだと。シェークスピアの場合は、これが彼の劇の根幹であるとしています。ちょうど同じころ、時代は

少し遅れて、日本の元禄時代、これがエリザベス朝の時代に当たると。シェークスピアがイギリスのルネサンス期の悲劇を書いた。では日本においては、同じ時代に偉大な劇作家がいた。これが近松門左衛門なんですね。近松の場合はどうか。確かに時代は重なっているけれども、全く違うんだと主張しています。シェークスピアはロイヤリストであり、貴族趣味があり、一般庶民には関心がなかった。それに対して、この近松は、元禄時代の商人というか、庶民、バイタリティにあふれた庶民を題材に劇を書いた。脚本を書いたということですね。すなわち、ここのところがシェークスピアと近松の違いであると。元禄時代は、社会的にも、身分上もさまざまな制約はあったけれども、その制約のなかでは自由であったと。近松の場合はその自由とは、色情というか、恋愛の無制限な自由を享楽することができた世界であると。これが庶民の原動力である。だから、何にも増して、この元禄時代の大阪の庶民とは、愛、あるいは、欲望、これを第一のものとして行動した。そこのところを近松は書いたんだと。すべてに勝って愛があったと。愛というのは今日の我々の耳には心地よく響くけれども、近松の場合にはもっとどろどろした情念のかたまり、色情、色欲といったかたちのものが元禄時代の庶民を動かしていたと考えて、そこを作品に書こうとしたと竹原は言います。

　しかし、では、なぜ愛を、恋物語を書いて、それが悲劇になるか。そこのところを常太はこういうふうに考えるんですね。すなわち、自由な時代で何でも自由に自分がやれる時代ならば、好きな女性を見つけて恋をすればいい。しかし、こ

の時代は先ほど指摘したように制約された時代であった。しかも、町人は町人社会という狭い世界の中でしか生きられなかった。己の欲望のまま、本能のままに愛を貫こうとすれば、当然、義理人情とか、浮世の制約、社会制度、そういうものとぶつかり合う。さりながらその欲望を全うする。そして、この欲望を貫こうとすれば、必ず破滅に陥るんだと。ここに悲劇が生じるんだと。近松はこの状況を悲劇の場として書くことに情熱を燃やした。一方、シェークスピアの登場人物の場合には、キリスト教の精神が背後にあるのだろうが、正義を尊び悪を憎むという思想、これは、例えば、誰かに教えられたものではなくて、善と悪、善を尊び悪を憎む、こういう思想が判断基準としてあったんだと。それは、例えば、良心の問題で、己が悪に手を貸し、正義を裏切っているというときには、社会から閉ざされるだけではなくて、自分自身、没落していくというか、地獄に行くと。そういうような善悪に対する道徳観、これが、西洋というか、シェークスピアの世界にあったと。ところが、近松の世界では、元禄の世界にはなかったといと言うんですね。とにかく、その当時の出てくる人物は、おのれの本能だけが優先し、その他のものは考えない。だから、なにか色情だけで毎日、一生暮らしているような大阪庶民の描きようであるとしています。己の欲望を最後まで全うしようとすれば、結局社会の制約にあって、先ほど言ったみたいに悲劇になってしまうと。とすればそういう状態になったときの解決方法は何か。己の欲望、情意を最後まで貫く、その方法は、最終的に情死ということになる。心中ですね。ここまで行くしかない。だから、ある面において、

情死、心中を美とする近松に対して、不道徳的だとか、そういう見方もできるかもしれないが、しかし、それはその当時の人たちの生活、考え方を忠実に作品に描いたわけだから、決して近松自身が不道徳な人間であり、不道徳を推奨してるのではないんだと。結局そういうような生の人間を描いただけであり、また、それを描くことに芸術上の最高美を見たのだと、竹原はこのように近松の美意識を解説しています。

　では、何故、近松は情死を美とするような考え方を持ったのか。シェークスピアの場合には背後にキリスト教の影響ありとするならば、実は近松には仏教の影響がある。これは指摘されていることですが、単に仏教の教えをそのまま劇作のモチーフに据えたわけではありません。本能を殺し、私を殺し、無になる。ここのところに救いがあるというのが、仏教の教えであるとするならば、本能の赴くままに生きている人間にとって、仏教でいう涅槃、極楽は来ない。それを願うならば、それは己を殺すことでしか得られない。すべてを無に帰すことは、死しかない。結局そういうような結論になってしまう。だから、仏教的な死生観というか、死ぬということに対しては、ヨーロッパ人と違って、己を殺すことが欲望をすべて捨てる方法として説かれた。死ぬしか道はないと当時の人たちは考えていた。その背後に仏教のこういう無欲というか、死生観があったとする。このように竹原は近松の情死の必然性を解釈しています。しかし、もちろんそれだけではありません。もしそうであるならば近松の作品は仏教の教義を宣伝する、それだけの作品になってしまんだと。なぜそこまでして近松が死に至る愛を取り上げたかというと、仏教を

超えて、人間が生きていくときに守らねばならないもの、これが、すなわち、シェークスピアの場合には、善悪ということでしたけれども、道徳というか、人と人とがつき合うときに守らねばならない道徳、こういうものが存在するはずだと。この、人が人として生きてゆくために守らねばならない道徳という観点から、仏教を越えて行動してゆかねばならないと。その道を踏み外したとき滅びるというか、人間は破滅するのだと。だから、決して近松は情死を勧めたり不道徳な行為をことさら美化しようとしたわけではないと弁護しています。

　論文の後半では、仏教の涅槃について詳しく論を展開しています。勉学を続けながら、アメリカ文化やキリスト教思想よりも、近松を対象にして仏教への強い関心を持ち始めています。キリスト教と仏教の知識的な比較研究ではなく、異国にあって生きていくための心の糧を求めるさまよい人のような、真剣さが滲み出ています。こういう点からも坪内逍遥の比較研究とは異なる論文になってると思います。ただ、論文の流れがところどころわからない。この雑誌に博士論文全体を載せてはいないんじゃないのか。省略してるんじゃないか。そういうふしがあって、どうも後半部分は、つながりが悪く、何回読んでも、よくわからない。先程述べました調査をして、確認したいと思っています。で、近松とシェークスピアの比較研究はここで終わるんですけどれも、仏教と芝居に対する情熱はずっと続いたみたいです。結局、アメリカに行って英米文化を勉強し、非常に英米的な考え方、それは辞典の製作において反映されていますが、文化的・思想的な面においては、若い頃のキリスト教信仰は晩年は余り熱心でなかったの

ではないかというようなことをお聞きしています。興味深いのは書庫の中に残っていた不受不施派の印刷物です。皆さん余り聞かれたこともないと思うんですが、これは日蓮宗の一派で、施しを受けず施しを与えないということを教えとする宗派です。この宗派の教義の解説本と集会や催しの案内のパンフレットなど4点残されておりました。仏教への関心が深かったことは前に申しましたが、仏教の宗派の中でも、どうして不受不施派なのか、これも謎なんですけれども、竹原は前にも申しましたように岡山県生まれです。岡山市の北部に接する御津郡には妙覚寺という不受不施派の本山があります。一冊の本は贈呈となってますから、多分幼なじみか、あるいは、同郷の人がそういうものに関心があって、本ができたときに竹原に贈ったのではないでしょうか。それらが律儀な竹原ですからそのまま残していたとも考えられます。明治のはじめから、外国文化を吸収し接触して影響を受けた人達が最終的には、その英米文化を放棄するわけではないが、日本文化に戻って、歌舞伎とか、仏教、神道に興味をいだき、傾倒するに至っている例が多くあります。我々は異文化接触ということをしながら、結局、最終的にはまたもとに戻るというか、もちろんそれ以前の状態ではないんですが、新たな形での回帰現象を経験した学者の名前を多くあげることができます。竹原常太もまた、その一例ではないかと思います。このことを象徴するようなお話をここにいらっしゃる英子さんからお聞きしました。夫人の実恵さんは趣味は読書とキリスト教と書いてあるように敬虔なキリスト教徒として一生を送られていますが、アメリカで勉強し、一生懸命キリスト教

の聖書を読むという信仰生活を送った竹原ですから、当然キリスト教の信者だろうと誰もが思ったことだと思います。で、亡くなられたときに、弟子というか、知人の方々がお葬式を行うことになった。先生はキリスト教徒だからといってキリスト教式の葬儀を執り行おうとしたそうです。ところが、仏教徒だと思いこんでいる仲間の人達が来て、キリスト教と仏教の両方のお葬式が始まりそうになるハプニングがあったそうです。（少し脱線しますが、この葬儀には、旧制高校の名物外国人教師であったロイ・スミス先生などの多くの参列者の中に本学の副学長でいらっしゃいました毛利可信先生のお名前がありました。竹原と親交のあった父君、毛利八十八太郎氏の代理として参列されています。）キリスト教の感化を受け、多分アメリカに渡ったときも、キリスト教の宣教師に勧められて行ったのではないかと思うんですが、最終的には、仏教に戻ってしまった、完全に戻ったかというとそうでもない。実は、これは出版されることはなかったんですが、未刊の大著の原稿が残ってるんですけれども、日常英語の中に用いられた聖書の引用句辞典なんです。英米の雑誌、文学作品に見られる聖書からの表現を集めた辞典を計画し、原稿を書きためていたんです。残されたものを調べてみるとほぼ完成状態です。と、するとやはり彼自身としては、キリスト教を捨てたわけじゃない。しかし、彼の英語の勉強はキリスト教から入ってますが、それはキリスト教会に通って英語を勉強するという手段であったのではないか。だから、聖書の引用句辞典をつくるというのは、やはり英語の修得が中心にあり、英語の勉強にとって役に立つ、英語をより理解するために聖

書やキリスト教理解はどうしても欠かせない。独断ですが、そういう観点から、この辞典をつくろうと思い立ったんではないかと思うんです。結局、外国文化に触れ、受容するけれども、最終的にはやはり外国文化は自己啓発というか、成長発展のための道具であって、精神的よりどころは自分の生まれた国の文化に戻る宿命にあったんではないか、こんなふうに限られた資料の中から考えてみました。有名なスタンダード英語教科書の特徴とか、あるいは、辞典が非常によく売れたとか、いろいろとまだお話は尽きませんが、今日はこのぐらいにしておきたいと思います。この関西に、東京に負けない辞典編著者の竹原常太という先生がいらっしゃった。そして、その先生の業績を実恵夫人が自分の仕事として整理保存され、門外不出というか、散逸しないように守られた。そして、その志は娘の英子さん、孫の幸子さんに引き継がれ、そのお陰で辞典類を始めとして、旧制中学の教科書、それから、戦時中の旧制高校生用の英語教科書など、その多くを大手前大学付属図書館の竹原文庫に収めることができました。これは私たちにとっても非常に有難いことだと改めて感謝の言葉を述べたいと思います。今後、全国の多くの人たちがこれを利用して、さらに一層の竹原常太、大正・昭和の英語教育研究がが進むのではないかと期待しています。

　貴重な資料や蔵書を任されたのに、遅々として研究が進まず、いつも申しわけなく思ってまいりました。せっかくのご好意で大切に保存されてきたものを託されたのに、期待に応えることができず責任を感じています。ささやかですが、今日のつたない私の発表が少しでもそれを補うことができれば

幸いです。

　また、東京からわざわざ会場に来てくださいました、原口英子、滝幸子様にあらためてお礼申し上げます。

　会場の皆様ありがとうございました。

2004 年 9 月 18 日

追記

　本発表を行うに際して、竹原家書庫の資料を始めとして、多くの資料を利用させていただきました。日本英語教育史学会、日本英学史学会の諸先生がたの研究書、論文、復刻書・雑誌は特に有益でした。また、資料収集や論文で堤美佐子さんにもお世話になりました。ここに記して感謝の意を表したいと思います。また、本発表後、会場の皆さまから戦前の英語教育の体験談や英語教育についての貴重なご意見をいただきました。有難うございました。

注
1)『竹原和英大辞典』、名著普及会、復刻版第 1 刷、1983 年、復刻版第 2 刷、1984 年。
2) 蔵書目録は、2005 年 9 月、大手前大学交流文化研究所より、稲積包昭、堤美佐子共編で、『竹原文庫蔵書目録―大手前大学西宮図書館―』として出版された。
3) 当日配布の資料のため、本書には収めていない。

6．固有名詞を先行詞とする関係詞節
——序論——

　英語において、関係代名詞（relative pronouns）によって導かれる関係詞節（relative clauses）[1]の二つの用法、すなわち制限的用法（Restrictive relative clause）と非制限的用法（Non-restrictive clause）のうちで、制限的用法の節の先行詞（antecedent）としては固有名詞（Proper noun）あるいはこれに準ずると考えられるものは用いられないとされているが、実際上はこれら固有名詞等を先行詞とする制限的用法の関係詞節の例を見つけることは困難なことではない。このような例を単なる例外として処理すべきなのか、あるいは従来の分析では見のがされてきた原理が存在し、この原理によって規則的なとり扱いが可能なのであろうか。本稿は従来なされているこの制限・非制限的用法の検討から入り、具体的資料の観察分析に基づき一つの試案を提出しようとするものである。

1.0.　制限的用法と非制限的用法について、例えば、『英文法小辞典』は"関係代名詞の導く節が、先行詞を限定、修飾する場合を制限的用法といい、先行詞に関して説明をつけ加えるだけの場合を非制限的用法という。前者の場合、関係代名詞で導かれる節は完全に主節に従属していて、全体はただ一つの事柄を述べており、関係代名詞の前に休止があることは少なく、コンマも通常は用いられない。後者の場合、関係代

名詞で導かれる節は独立性が強く、文全体は二つのことを述べていると感じられ、関係代名詞の前に休止があることが多く、通常コンマが用いられる。302頁"と簡潔に説明している。この説明からわかるように、関係詞節の制限・非制限的用法の分類の根拠がその先行詞を修飾、限定しているか、あるいは単なる付加説明かという意味に基づいて考えられているのである。[2] 口語 (Spoken English) において、この制限・非制限的用法の区別は音韻論的 (phonologically) にいくつかの特徴によって示されることが明らかになっているが、これらのみによって明確に区別することの困難であることは Quirk の説くところである。[3] 一方、文語 (Written English) においては、句読点 (punctuation marks)、特にコンマによって区別されるが、絶対的でないことは、非制限的用法の関係詞節にコンマが用いられていない例が多くあるという事によってもわかる。それでは意味に基づいて制限・非制限的の区別が常に信頼できるものであるかというと、これも必ずしも確実ではない。読み手 (reader) の解釈 (semantic interpretation) によって制限・非制限の両方の判定が可能なことがあり、制限・非制限的という分類自体あまり文法的に重要な意義を有しているものではないと結論を下したくなるが、果してそうであろうか。実は上に引用した説明には制限・非制限的用法の関係詞節の間にある、統語的相違 (syntactic differences) への考察が欠けている。事実、制限的用法の関係詞節と非制限的用法の関係詞節はその内部構造と現われる環境の分布が同じではないのである。[4] ここでは先行詞の性質と制限・非制限的関係詞節の関係につ

いて述べてみよう。固有名詞が先行詞のとき、制限的用法の関係詞節がつけられないことは、Jespersen（M. E. G. Vol. Ⅶ p.472）によって指摘されているが、大塚高信は如何なる語が antecedent となった場合に non-restrictive clause が来るかということについて触れたところで、概略次のように述べている。すなわち、non-restrictive の場合には antecedent が、それだけで已に特定の事物を指示している場合、固有名詞は勿論のこと、多少固有名詞の性質を帯びた語である場合であり、従って、I, you を antecedent とする場合には殆ど総てが non-restrictive-clause を随へ、he, they, we はそれが generic の意味に使われた時には restrictive、然らざる場合には non-restrictive-clause を随へること、さらに this なる pronoun 或はそれを名詞に冠して this man, this hat の如くしたときには、意味せられて居る事物は definite であるから、それに続く relative clause は概ね non-restrictive のものであると。[5] 次に、C. S. Smith は *Language*, 1964 の論文において、[6] 先行詞の前に来る限定辞（Determiners）と関係詞節の性質との間にある関係を検討し、関係詞節の制限・非制限的性質に関して三つのタイプの限定辞類を分類している。すなわち、(1)制限的関係詞節のみを従える限定辞類(any, all)、(2)非制限的関係詞節のみを従える限定辞類（固有名詞は、ゼロの限定辞がついたものと見るときのゼロ限定辞）、(3)制限・非制限的関係詞節両方を従える限定辞類（the, a(n)）である。さらに E.C. Traugott は先行詞と制限的関係詞節の関係について次のように述べている。[7]

'Restrictive relatives, being contrastive, cannot modify

nouns with unique reference, such as proper nouns or superlative:*John that is a piano-player might be a good person to invite the rap session. *My youngest sister that you met yesterday is a Jesus freak.[8] They can, however, modify any other noun.'

(*印は非文であることを示す)

以上、我々は Jespersen、大塚、Smith、Traugott の主張をみてきたわけであるが、それぞれは一つのこと、つまり、すでに定（definite）である先行詞と制限的関係詞節は共起できないということを主張しているものと考えてよいと思う。次の(1)、(2)の可否も自動的に説明がつくように思われる。

(1) My wife, who lives in New York, has just written me a letter. (q. Allen)

(2) *My father that is over there (q. Anderson, W. L.)

しかしながら、我々は以下のような例を提示することができる。

(3) At this moment we were interrupted by Frl. Schroeder who had come, sniffing secrets, to ask if Sally would like a bath. (Isherwood, *A Berlin Diary*, Autumn 1930)
(4) From the crowd someone had run to the office of Doctor Parcival who had bluntly refused to go

down out of his office to the dead child. (Anderson, *Winesburg, Ohio*)

(5) Elizabeth Willard could not remember her mother who had died when she was but five years old. (Anderson, *Winesburg, Ohio*)

(6) But this is not the story of Windpeter Winters nor yet of his son Hal who worked on the Wills farm with Ray Pearson. (Anderson, *Winesburg, Ohio*)

(7) Vaguely she hoped that he like that young man who had stood in the darkness with Mary would put his arms about her. (Anderson, *Winesburg, Ohio*)

(8) He danced up and down, waving his arms and making hideous faces at the teacher who, for her part, seemed struck dumb with amazement at this extraordinary exhibition. (Isherwood, *A Berlin Diary*, Summer 1931)

筆者は直接見つけることは出来なかったが、genericとして用いられていない代名詞が制限的関係詞節によって修飾されている例もある。[9]

(9) He who is walking before us is a prince. (Vaccari, O.『英文法詳論』p. 168)

(10) I who have heard him lecture on this subject know that that isn't what he means. (Huddleston, *The Sentence in Written English*, p.221)

上例(3)〜(10)のうちで、(3)と(4)は先行詞が固有名詞の場合、(5)は(2)の反例と考えられる場合、(6)は先行詞が unique reference の性質をもっている場合、(7)、(8)は that, the が冠せられて先行詞がすでに定となっている場合である。そして、(8)を除き、[10] 他は全て後に続く関係詞節が先行詞に対する付加的説明として付け加えられた非制限的用法—何故なら、先行詞が定であり、節が先行詞の適用範囲を制限しているのではないから—それもコンマのない非制限的用法であると見るのが論理的であるとしても、意味的に先行詞を修飾限定していると見ることができる。普通の非制限的用法の場合よりも、先行詞と関係詞節の結びつきが密接で先行詞と関係詞節全体がただ一つの事柄を述べていると思われるからである。この問題に関して Evans は次のように述べている。[11] 'When there is any danger that a descriptive clause will be understood as defining, the commas should be used. But otherwise they do not have to be. A writer who wants to tie the description tightly to the subject may omit the commas, as in *her hair that lay, along her back was yellow like ripe corn*.' ここにおいて、Evans は 1) 文意が明白であれば非制限的用法の関係詞節もコンマで区切る必要がないということ。2) 非制限的用法の関係詞節と共にいられているコンマを省略することによってこの関係詞節と

先行詞の結びつきを密接にすることがある、という二点を指摘している。さらに、先行詞が代名詞や固有名詞の場合でも、コンマを省略して関係詞節を制限的用法として用いることがまれでないと説く者もある。[12] 上において、我々は、すでに定である先行詞と先行詞の適用範囲を制限する制限的関係詞節は共起できないという主張をJespersen等の引用から引きだし、この主張に対して、一見反例と思われる例をIsherwood、S. Andersonの作品より提示した。[13] しかもこの反例と思われる表現がこれらの作家に特有のものではないことはEvansらによって明らかである。それではEvansの2)の主張、『英語慣用法辞典』の記述とすでに定である先行詞に制限的関係詞節は共起できないという主張とはどのような関係にあるのであろうか。さらに吉川美夫はDickensの *The Old Curiosity Shop* に見られる次の例について、who以下は既知の人物についてさらに新しい追加的説明をしたり、聴者に既知事項を今一度思い起こさせたりするための記述で、聴き手の未知事項のように処理することがあると説明している。[14]

(11) "It's a strange way of going," he said, "very strange not to communicate with me who am such a close intimate friend of his!"

 Evans、吉川らの主張を統語構造上から保証する説明原理は存在するのだろうか。これらの問題に答えるためには関係詞節表現の統語構造の分析から始める必要があるように思われる。

1.1. 本節では先ず、制限的関係詞節の統語構造の考察をしよう。以下の文において、

(12) I will employ a boy who can speak French.

(13) I will employ the boy who can speak French.

(14) I will employ the boy, who can speak French.

(14)の場合、話し手 (speaker) はどの少年について言及しているか聴者 (hearer) が一義的に判断することが出来るということを前提していなければならないはずである。聴者はこの文が発言される以前の言語的文脈や状況の知識を用いてどの少年について言及しているのか判断することができる。従って、who 以下の関係詞節は定である先行詞 the boy に対する付加的説明の非制限的用法である。先行詞の限定辞が不定冠詞か定冠詞かという違いしかない(12)、(13)の場合はどうであろうか。(12)はフランス語を話せる少年ならだれでも一人雇おうという意味であるのに対して、(13)はフランス語を話せる少年の中の特定の少年を雇おうという意味である。who 以下のフランス語を話せるという限定によって、定冠詞が選ばれたわけでないことは、(12)の表現によっても明らかである。一体如何なる理由で(13)の定冠詞は選ばれたのであろうか。結局、この発言がなされた言語的文脈や状況によるものと考えざるを得ない。制限的用法の関係詞節の機能が先行詞の適用の範囲を制限することであるとするならば、先行詞は不定でなければな

らない。より正確に言うならば、(12)や(13)の制限的関係詞節をもった文が生成される前のあるレベルにおける先行詞は適用範囲の制限によって選びだされるメンバーを要素としてもつ一つのクラスを代表する不定の「共通名」である。かくて、(12)は boy₁、boy₂、boy₃、…… を要素とする一般集合 {BOY} のメンバーの中で、フランス語を話せるという条件によって選びだされたメンバーを要素とする {フランス語を話せる少年} の部分集合のどのメンバーでもよいことを意味するものと考えられる。(13)はこの部分集合のメンバーのなかで、文脈や状況によって特定化される定なるメンバーについて言及しているのである。[15] 今この生成過程を図示すれば次のようになる。[16]

{BOY}（一般集合）
↓ {BOY Who Can Speak French}（部分集合）
↓ I will employ {BOY Who Can Speak French}
↓ I will employ [[Det [boy who can speak French]]
　I will employ a boy who can speak French／
　I will employ the boy who can speak French
　　　　　　　⇩

上の図において、{BOY Who Can Speak French} はフランス語を話せる少年をメンバーとする部分集合であり、[boy who can speak French] はその集合のメンバーを示すものとする。そして限定辞（Determiner）は [boy who can speak French] にかかるものと考えることになる。

　もち論、このような簡単な仮設構造から、制限的用法の関係詞節の生成を説明することは不可能であろうが、表層における外見上の先行詞の定、不定にかかわりなく、深層構造に

おいて、制限的用法の関係詞節の先行詞は不定であるとする主張を支持する一つの根拠になると思う。以上の考察により、(12)、(13)はともに制限的用法の関係詞節表現であり、(13)の定冠詞は、I met the boy において、the が選ばれたと同じ原理、すなわち、言語的文脈や状況によるものと判断してよいことが言えると思われる。結論として、1.0. で述べた、すでに定なる先行詞と制限的関係詞節は共起できないという主張は統語構造的考察からもその正しいことが言える。それでは Evans、吉川らの主張は統語構造上から如何なる説明が可能であろうか。一つの説明として、次の如き置き換え変換を提案したい。「すでに定なる先行詞（例えば、固有名詞や代名詞）にコンマの介在なしに続く関係詞節表現には、制限的関係詞節の先行詞を固有名詞や代名詞によって置き換える変換操作の適用によって作られるものがある」と。Jespersen は M. E. G. (Part Ⅲ 5.18.) において、the sea makes me think of my mamma that's dead / like her mother that was dead のような例について、'it is true that the relative clause does not serve to point out one among several mothers (for that of course is absurd), but still the addition is necessary and could not well be omitted' と述べている。すでに定なる名詞句を先行詞とする関係詞節をコンマの有無にかかわらず非制限的とするには先行詞と関係詞節の結びつきが密接過ぎると疑問を投げかけているともとれる、この点に関してどのような説明が可能であろうか、次の例を用いて考えてみよう。

(15) He has just jumped to his feet, hurried past Will

Henderson who was reading proof in the print shop... (S. Anderson, *Winesburg, Ohio*)

(16) What is the name of him who signed? (E. Hemingway. q.『現代英語学辞典』)

(17) Her real name was Anne Elzabeth Trent after poor dear mother who had died when she was a littie girl... (Dos Passos. *Nineteen Nineteen*)

(15)、(16)、(17) においては、それぞれ固有名詞、代名詞、固有名詞に準ずる名詞句というすでに定なる先行詞がコンマの介在なしに who 以下の関係詞節によって結ばれている。我々が上で考察してきた立場、すなわち、すでに定なる先行詞と制限的関係詞節は共起できないという立場に立つならば、(15)、(16)、(17)は非制限的関係詞節表現とみなけ ればならないが、先行詞と関係詞節の結びつきは Jespersen が指摘しているように密接な意味的関係が感じられる。コンマの省略された非制限的関係詞節表現はこのように先行詞と関係詞節との間に密接な意味的関係を伝えるために用いられることがあるとして、非制限的関係詞節の一つの用法として、ルール化すれば一応の説明がつく。しかし、これではあまりにも表面的な言語現象にとらわれているようで、すっきりしない。[17] そこで次のように考えたらどうであろうか。(15)の 'Will Henderson who was reading proof in the print shop' は表層に至るある途中の段階では the man who was reading proof in the print shop という制限的関係詞節として生成され、この the man who was reding proof in the print shop の語連鎖によって作られた the man が Matrix NP[18] によって同一化される人物 Will Henderson によって置き換えられ、外見上、固有名詞を先行詞とする関係詞節表現が作られたものと。同じく(16)、(17)は概略次のような構造から導かれる。

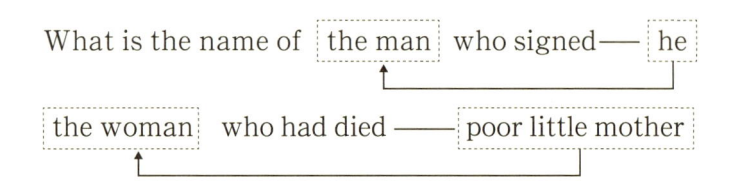

What is the name of [the man] who signed ── [he]

[the woman] who had died ── [poor little mother]

　以上のような生成過程ならびに置き換え変換の存在を想定するならば、(15)、(16)、(17)における外見上の定なる先行詞とコンマの介在なしに続く関係詞節との間に感じられる密接な意味関係を説明することができると思われる。しかし、これは Matrix NP 生成を前提として想定されたものであり、Matrix NP を如何にして生成するのか、置き換え変換の適用を可能にする条件は何かなど、明らかにしなければならない問題が多く残されている。[19]

注
1) 関係詞節とは関係代名詞、関係形容詞、関係副詞によって導かれる従節の総称であるが、本稿においては関係代名詞節のみを対象としている。
2) 『英語学辞典』の Relative clause の項では、「意味上からは

restrictive clause と non-restrictive cl. の2種に分類することが出来る。」とある。

3) Quirk は "Relative Clauses in Educated Spoken English" (E.S.XXXVIII. 1957, p.101) で意味を区別の基準にしないとき、両者の間に音調上、三つの特徴をあげている。

4) 詳細は Carlota S.Smith, "Determiners and Relative Clauses in a Generative Grammar of English," *Language*, 40. 1 を参照。

5) 大塚高信、『英文法論考』（研究社、1958^3.pp.146-147）。

6) 注4参照。

7) Elizabeth Closs Traugott, *A History of English Syntax*, Holt, Rinehart. 1972, p. 62.

8) 次の例を参照。"He looked at the youngest child who was sleeping soundly, and from him to their mother, who had been at work without complaint since morning. – Dickens, *Old Curlosity Shop* (Chap. X. p. 102. in Chapman & Hall edition)

9) 荒木一雄、『関係詞』（英文法シリーズ5 pp. 39-40）

10) 例(8)において、the teacher は文脈上定であることがわかっているが、...at the teacher, who (= and she...) の置き換えが可能であり、関係詞節と the teacher の結びつきは意味上他の例よりも弱い。『英語正用法辞典』（研究社、1973^6. p. 565）は Comma のない非制限的用法も多いから Comma だけをたよりにするのは危険であると述べ、次の例を示している。

"He shrinks against the policeman who stretches out his arm in a commanding and protective manner. — J. Cary, *The Limit*."

11) Evans, Bergen & Cornelia. *A Dictionary of Contemporary American Usage*. Random House. 1957. (p. 102)

12) 大塚高信編、『英語慣用法辞典』（三省堂 1973², p. 233.）

13) 固有名詞を先行詞とする関係詞節について数を以下に示す。調査した作品は C. Isherwood: *The Last of Mr. Norris*（略 L. N.）. *Goodby to Berlin*（略 G. B.）S. Anderson: *Winesburg, Ohio*（略 W. O.）の三作品である。表省略

14) "英文法研究室"『英文法研究』1958年、12月号、1959年4月号における吉川の解説参照。

15) Thompson (1971) は先行詞が定冠詞を伴うか不定冠詞を伴うかは、話者が聴者の知識の程度について行なう前提によって決定されると論じている。

16) ここで用いている生成過程、深層構造という表現は説明のために便宜的に使ったもので、具体的内容は与えられていない。

17) Dos Passos の *U.S.A.* 三部作（*The 42nd Parallel, Nineteen Nineteen, The Big Money*）においては、固有名詞と関係詞節の間にコンマのない表現が豊富に使用されている。今、仮にこのような表現を制限的用法、固有名詞と関係詞節の間にコンマの介在する表現を非制限的と便宜上分類し、数を示せば次のようになる。表省略

　上表においては、固有名詞が文中で果している機能（Subject, Subjective Complement, Object of preposition, Object of Verb）をも考慮してあるが、Subject の場合を除いて、両用法の間に大きな差は見られず、注13の調査結果とは著しい対照をなしている。例をあげておく。

　1. During the Automobile show Nat called up one day to say Earrell who ran the Term Outfit was in town... (*B. M.* p. 204)
　　The skipper was Ben Tarbell who'd been first mate on the

> *Higginbotham.* (*N. N.* p. 140)
>
> After the Opera they went to the Café de la Paix to drink a glass of champagne, except for Robbins who went off to take Miss Williams back to her hotel. (*N. N.* p. 262)
>
> She called Miss Lee who was making up some curtains in the other room... (*42nd* p. 315)
>
> 2. Harry, who was alone in the back, let out a giggle. (B. M. p. 265)
>
> The only one of the family who didn't wear glasses and have buckteeth was Myra, who seemed to take more after her father. (*B. M.* p. 446)
>
> But for Margo Dowling, who had a career ahead of her, nothing doing. (*B. M.* p. 237)
>
> Those are the people who shot Joe Hill, who murdered Frank Litte. (*B. M.* p. 392)

18) Huddleston (1971) によれば、Matrix NP は The theory that was put forward by Jones is clearly inadequate. のような制限的関係詞節文中の the theory that was put forward by Jones をさしている。先行詞は〔theory〕、関係詞節は〔that was put forward by Jones〕で、〔the〕は〔〔theory〕〔that was put forward by Jones〕〕にかかっている。従って、Matrix NP の内部構造は〔〔the〕〔〔theory〕〔that was put forward by Jones〕〕〕ということになる。(pp. 211-217) 本稿もこの意味で用いているが、「固有名詞を先行詞とする関係詞節」のように、一般的に使用されている意味での「先行詞」(Antecedent) も説明上使用している。

19) 具体的資料の分析と変換文法 (Transformational Grammars)

の枠組における諸研究、Thompson（1971）、Cantrall（1972）,
Taglicht（1972）等の研究の検討は特に重要であるように思われる。
次回の課題としたい。

参考文献
1．引用作品
1. Anderson, S. *Winesburg, Ohio.* (The Viking Press) 1966
2. Dos Passos, *U. S. A.* (Houghton Mifflin Company) 1960
3. Isherwood, C. *The Berlin Stories.* (New Directions Publishing Corporation) 1963[7]

2．引用文献
（1） Allen, W. S. *Living English Structure.* (Longman) 1947
（2） Anderson, W. L. "Recognizing Restrictive Adjective Clauses." College English Vol. 18, No. 5, 1957
（3） 荒木一雄『関係詞』（英文法シリーズ５）研究社、1954
（4） Evans, B & Evans, C. *A Dictionary of Contemporary American Usage.* (Random House) 1957
（5） Huddleston, R. D. *The Sentence in Written English* (Cambridge). 1971
（6） 市河三喜（編）『英語学辞典』研究社 1965[17]
（7） 石橋幸太郎（編）『現代英語学辞典』成美堂. 1973
（8） Jespersen, O, *A Modern English Grammar.* PartⅢ. Ⅶ. (George Allen) 1965
（9） 大塚高信『英文法論考』研究社. 1958[3]
（10） 大塚高信・五島忠久（共編）『英文法小辞典』研究社、1972

（11）大塚高信・小西友七（共編）『英語慣用法辞典』（改訂版）三省堂、1973
（12）Quirk, R. "Relative Clauses in Educated Spoken English." English Studies 38. 1957
（13）Smith. C. S. "Determiners and relative clauses" in *Language* 40-1, 1964
（14）田桐大澄（編）『英語正用法辞典』研究社、1973
（15）Thompson, S. A "The Deep Structure of relative clauses," in *Studies in linguistic semantics* (New York) 1971
（16）Traugott, E. C. *A History of English Syntax* (Holt, Rinehart) 1972
（17）吉川美夫 "英文法研究室"『英文法研究』1958年12月号、研究社

3．その他

1. Cantrall, W.R. "Relative Identity" C. L. S. 8. 1972
2. Chomsky, N. *Aspects of the Theory of Syntax* M. I. T. 1965
3. 江川泰一郎 "関係代名詞について (1)～(2)"『現代英語教育』（研究社）1968年、2、3月号
4. 梶田　優 "変換文法における関係詞節の問題（上）（下）"『英語教育』（大修館）1968年、6、7月号
5. 丸田忠雄 "関係代名詞についての一考察"『英語学』（開拓社）13号
6. 丸田忠雄 "三つの関係詞節について"『英語学』（開拓社）14号
7. 三宅　鴻『英語学と言語学〈前編〉』（三省堂）1972
8. Ryden, M. 'Determiners and Relative Clauses' *English Studies*

Vol.51. No.1. 1970

9. Taglicht, J. K. "A New look at English relative constructions," *Lingua 29.* 1972

7．関係詞節の用法に関する覚え書き

　本稿では、初期近代英語（Early Modern English）以後の関係代名詞間の用法の固定化の歴史を背景に、関係代名詞 who, which, that に導かれる関係詞節の二つの用法—制限的用法（Restrictive Use）と非制限的用法（Non-restrictive Use）—の成立過程の一端を概観してみたい。次に示す引用からもわかる通り、ME期、E Mod E 期にこれら二つの用法が存在していなかったと主張するものではない。

- (a) In early Modern English *that* is the favourite relative and is found in non-restrictive as well as in restrictive clauses, but.... Jespersen, M. E. G. Ⅲ. 4. 3. 1.

- (b) There seems to be some tendency to use *who* (*whose*, *who*) in non-defining (non-restrictive) rather than defining (restrictive) relative clauses. Mustanoja, *A Middle English Syntax* Part I, p. 201.

- (c) That OE の þæt（þe）から発達したもので、MEでは人についても事物についても用いられ、制限的用法も非制限的用法も見られたが、Mod E では非制限的用法は詩や修辞的な文以外には見られなくなった。中島文雄（編）、『英文法辞典』

ME, E Mod E において関係詞節に制限的用法、非制限的用法があるということは名詞を修飾する形名詞に *a red* flower の red のように制限的に、*red* blood における red のように記述的（＝非制限的）に二つの機能を果たしているということである。[1] 上において、関係詞節に二つの用法が成立したという時、次の定義を前提としている。

> 関係詞節の制限的用法とは先行詞を限定・修飾する働きをするもので、関係代名詞と先行詞の間には休止（pause）がない。非制限的用法とは、先行詞に関して説明を付け加えるだけで、関係詞節を省略しても文意には変化を来たさない。関係詞の前（後）には休止があり、コンマを置くのが普通である。

すなわち、restrictive、non-restrictive という機能上の規準を休止の有無という音声形式上の規準とコンマの有無という書記号的規準の形式、言うならば、文法的手段（grammatical devices）によって意識的に結合された文法上のカテゴリーの存在が認識された状態を関係詞節に二つの用法が成立したと考えるのである。従って、成立過程の一端を概観するとは、restrictive, non-restrictive という機能があとの二つの文法手段によって意識的に結合されていく過程を追っていくことである。

ところで the Fowlers は *The King's English* において、'The function of a defining relative clause（＝restrictive clause 筆者注）is to limit the application of the antecedent; where that is already precise, a defining clause is not wanted.'（p. 84）と二つの用法の区別を明らかにしたあ

と、二つの用法における関係代名詞使用の規則をあげている。1) 'That' should never be used to introduce a non-defining clause. 2) 'who' or 'which' should not be used in defining clauses except when custom, euphony, or convenience is decidedly against the use of 'that'. 彼ら自身この規則に例外（exceptions）を認めているが、本稿においてはこの規則にまで到達する過程を視野においている。[2]

1.

　ここでは史的英語（earlier English）に用いられた関係詞節の記述上の問題からはじめよう。

　Jespersen は 19 世紀の作家によって用いられた英語の関係詞節の簡単な統計調査を試みた際、次のように述べている。"Doubtful cases have here been distributed according to my best judgment, and they include not a few clauses which were neither definitely restrictive nor quite 'loose'."（M. E. G. Ⅲ. 4. 3. 5 と 3）。実際に用いられた関係詞節表現のなかには明確に制限的・非制限的用法に区別することの困難な例があり、最終的には自分の最良の判断によったというのである。前章においては二つの用法の定義によって判断できる以上の区別の手段について触れなかったが、史的英語の記述においては近代英語（Mod E）のそれの場合よりも大きな困難に直面する。もう一例あげてみよう。「Shakespeare における関係代名詞 Who, Which, That」において太田朗は *Richard Ⅱ*, *The Tempest* にあらわれた

who, which, whose, that を関係詞節の用法の観点から分類を試みている。そして、その分類の規準として、[4] that... which, that... that の呼応の場合、generic な意味で用いられた人称代名詞を先行詞とする表現（they who, he who など）等や、all, any, every, the only や superlative をもつ先行詞の後に来る関係代名詞、It is... that の構文、固有名詞の後の関係代名詞などについては判断が容易であったことを述べたあと、「その他の場合にはなかなか難しいことがある。殊に punctuation が余り syntax の上の意味合いをもっていないので、コンマの有無により決定することが出来ない……従って最後的には意味によらざるを得なかった。」(pp. 165-6) と意味によって区別しなければならない場合のあることを明言している。だが一方、制限的・非制限的という機能が文法形式に結びついたこの Jespersen の下位区分が有効であるということは Shakespeare が関係詞節の二つの機能を形式上使い分けていたことの一つの証拠ともなると思う。[5] しかし、Jespersen の my best judgment、太田の「意味による」とは何を示しているだろうか。たとえ「意味判断」によるとしても、関係詞節の用法を制限的・非制限的用法に区別することが可能であろうか、もし可能だとしたら、この「意味判断」とはどのような操作からなっているのか、ここで検討する余裕はないが、「意味判断」も結局、Jespersen が行なった形式による下位区分の一種ではなかろうか。それも、中右実が「英語における不定名詞句と非制限的関係詞節」で展開している方法に近いものと思われる。[6] また、明確な区別

ができないとする主張を M.Rydén に見ることができる。
"In any linguistic analysis that is concerned with semantic relations between words or syntagmas it is not possible to draw hard and fast lines between the different categories. This also applies to the distinction between restrictive and non-restrictive clauses." (*Relative Constructions in Early Sixteenth Century English*, p. li.)。[7]

　以上、本章においては関係詞節の二つの用法の定義と具体的分類を行う場合の問題点について考えてみた。

2．

　関係代名詞 that と which は ME 以来広く用いられていたが、16 世紀前半になって、who も関係代名詞としての用法が確立し、E Mod E においては that, which, who が関係代名詞として広く用いられている。この期における that, which, who の関係代名詞について、Charles Butler の *The English Grammar*(1633)に次の記述を見ることができる。[8]

> Relatives are likewise 3: *who*, *which* or *the which* and *that*. Who is referred only to persons (men and spirits:) *which* and *that*, indifferently to anything:

Butler の記述にあるように who は人を示す先行詞に限られていたが、同じく which も人を示す先行詞とともに用いられている。17 世紀の文法家達（grammarians）の関心は who, which, that がどんな種類の先行詞をとることがで

きるのか、あるいはとるべきであるのかにあったかを J. M. Bately によって知ることができる。先行詞が人の場合には who を、物の場合には which を用いるという現代英語の規則へと固まっていく流動期に E Mod E があったことを示している。who, which, that と広く用いられている関係代名詞のうち、that が最も古くから用いられていたという歴史的事実に反して、*Spectator* No. 78 において Addison が有名な 'The Humble Petition of Who and Which against the damage inflicted on them by That'[9] と題する文章を発表し、who, which, that の使用について大きな影響を与えたのは 18 世紀のことであった。[10] ところで、Addison によって引き起こされた関係代名詞の用法の混乱が 18 世紀中続いたあとの 19 世紀初めからの状況を Hugh Sykes Davies は次のように述べている：

"Early in the nineteenth century it was observed that the two kinds of relative pronouns showed a certain tendency to appear in relative clauses of slightly different kinds, and by the middle of the century this distinction had been made fairly clear and rules for the use of pronouns based upon it were being formulated. (*The Grammar Without Tears*, P. 126)"

彼によれば 19 世紀初めになって、関係詞節に二つの異なる用法があることに注意が向けられ、19 世紀の半ば頃までにかなり明確な形での区別がなされる状況になっていた

ということである。さらに彼は続けて、"The first really clear exposition of this doctrine is to be found in Goold Brown's *The Grammar of English Grammars* (1851) (*op. cit.* p. 126) と述べている。我々は関係詞節の制限的・非制限的用法の成立過程を追ってきたわけであるが、ここに来てはじめて、大きな手がかりを得たことになる。以下において、必要個所を紹介しながら論を進めていきたい。

(1) 'Relative pronouns are capable of being taken in two very different senses: the one, *restrictive* of the general idea suggested by the antecedent; the other, *resumptive* of that idea, in the full import of the termor, in whatever extent the previous definitives allow. The distinction between these two senses, important as it is, is frequently made to depend solely upon the insertion or the omission of a *comma*. Thus, if I say, "Men who grasp after riches, are never satisfied; the relative *who* is taken restrictively, and I am understood to speak only of the avaricious. But, if I say, "Men, who grasp after riches are never satisfied; " by separating the terms men and *who*, I declare all men to be covetous and unsatisfied. For the former sense, the relative *that* is preferable to *who*.' (OBS. 26. p. 305)

"Men, who... は、Sanborn の文法書、*An Analytical Grammar of the English Language*（1836）からの引用であるが、他の unskillful writers と同じく上記の区別に注意を払っていないと指摘し、"A prism is a solid, whose sides are all parallelograms" の文について、プリズムの定義ではなく、作者の意図する意味とは異なって、二つのことを主張しているだけだから、コンマを消せば whose が restrictive の意味になると主張している。[11] OBS. 27 においては OBS. 26 で示した区別に関して多くの学者（Philologists）は批判的であると述べたあと Sanborn について次のように批判している。

(2) This grammarian has no conception of the difference of meaning, upon which the foregoing distinction is founded... But, if no such difference exists, or none that is worthy of a critic's notice; then the error is mine, and it is vain to distinguish between the restrictive and the resumptive sense of relative pronouns. (OBS. 27. p. 306)

OBS. 28において、Brown はさらに Sanborn の punctuation の規則の混乱を批判している。[12] OBS. 29 においては L. Murray[13] の rule for the punctuation of relatives は Brown が主張する区別を実質的に認めているけれども、一般的に relatives はその前にコンマを必要とすると仮定している点は resumptive sense が restrictive sense よりも common

であると主張することになり間違いであるとする。[11] 最後に、"The *additions*, *which* are very considerable, are chiefly such as are calculated to obviate objections" の例においてコンマは意味上不可欠であるとし、コンマがなければ *which* は *that* と equivalent になり、コンマがあれば *which* は and they と equivalent であり、後者の and they の意味は that では表わせないと主張している。そのほか、興味あるところを紹介してみよう。Part V. Prosody の部において次のような記述がみえる。

(3) When a relative immediately follows its antecedent, and is taken in a restrictive sense, the comma should not be introduced *before it*; as, "For the things which are seen, are temporal; but the things which are not seen, are eternal." (p. 775)

また、PartⅢ. Syntax の部において、(4) が目につく。

(4) The definite article, or some other definitive, (as *this*, *that*, *these*, those), is generally required before the antecedent to the pronoun *who* or *which* in a restrictive clause, as "All *the men who* were present, agreed to it." (p. 488)

Brown は restrictive, resumptive という語を用いているけれども、後者が我々の使用してきた non-restrictive にあたるのは明白である。引用(4)のように、見当はずれに

近い見解もあるが、Goold Brown の関係詞節の二つの用法の区別は我々が前提とした関係詞節の二つの用法、つまり制限的用法・非制限的用法の定義と原理的には変わらない。Brown 一人の力によって考え出されたものではないが、我々は Goold Brown の *The Grammar of English Grammars*（1851）を英文法における関係詞節の二つの用法規則化の最初の人であり、最初の書であることを確認して本稿を終わりたい。

注

1) Cf. Jespersen: M. E G. Ⅲ. 4. 41
2) The Fowlers の二つの規則をあげたけれども、最も望ましいというわけでなく、後に言及する Goold Brown, Sanborn, Lindley Murray が規範文法家であり、the Fowlers をその最後に位置する存在の一つと考えたからである。
3) Jespersen は M. E. G.Ⅲ. 4. 3. 4. で "(B) Non-restrictive or loose clause,..." と 'loose' を用いている。
4) 分類の規準として、太田は Jespersen の名前を出していないが、M. E. G.Ⅲ. 4. -5. においてなされた制限的・非制限的用法の下位区分が利用されていると思われる。
5) しかしながら、G. Scheurweghs: "The Relative Pronouns in the XVIth Plays *Roister Doister and Respublica* ― A Frequency Study" には restrictive, non-restrictive 用法について一度も触れられていない。
6) J. Emonds: "Appositive Relatives Have no Properties" も非常に示唆的である。

Ⅰ 英語研究の"メーンストリート" 141

7) M. Rydén は関係詞節の用法を restrictive, non-restrictive に分けたあと、non-restrictive clauses を１) progressive clause (= Jespersen の continuative clause に相当)、２) non-progressive clause (=関係代名詞が従属接続詞＋人称代名詞に言い直される場合に相当)に下位区分し、次の図でこれらの関係を示している。(op. cit. p. 1v.)

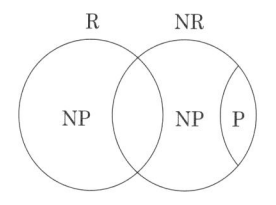

```
       R      NR
      ___    ___
     /   \  /   \
    | NP  || NP  | P |
     \___/  \___/
```

R=restrictive clause
NR=non-restrictive clause
P=progressive
NP=non-progressive

8) Charles Butler: *The English Grammar* (1633) からの引用は J. M. Bately: "Who and Which and the Grammarians of the 17th Century" による。

9) 正式の題は 'To *Mr*. Spectator. *The humble Petition of* WHO *and* WHICH, Sheweth, と続く。*The Spectator* By Joseph Addison, Richard Steel, And Others, Everyman's Library, NO. 64. p. 244.

10) Hugh Sykes Davies: *The Grammar Without Tears* (p. 126) によれば Addison の与えた関係代名詞の用法の混乱は 18 世紀中続いたという。

11) cf. "Down to about 1800 relative clauses, defining and non-defining alike, were generally introduced by a comma" Torben Kisbye, *An Historical Outline of English Syntax Part Ⅱ* p. 237.

12) Brown が批判している規則は次の通りである。"Relative pronouns in the nominative or [the] objective case, are preceded

by commas, when the clause which the relative connects 〔,〕 ends a sentence; as, 'Sweetness of temper is a quality, which reflects a lustre on every accomplishment"(〔　〕内は Brown の補い―筆者)。

13) Brown が批判している Lindley Murray の規則は Brown の関係詞節の二つの用法の規則化の上で大きな役割を果たしている。
"Relative pronouns are connective words, and generally admit a comma before them: as... But when two members, or phrases, are closely connected by a relative, restraining the general notion of the antecedent to a particular sense, the comma should be omitted: as...*English Grammar*, PartⅣ. Prosody. Punctuation. Chap. 1 of the comma. Rule XIV. (南雲堂版 p. 257)

References

Bateley, Janet M. (1965) "Who and Which and the Grammarians of the 17th Century." *English Studies* 46, pp. 245-50.

Brown, G. (1851) *The Grammar of English Grammars* William Wood & Co., New York.

Emonds, J. (1979) "Appositive Relatives Have No Properties," *Linguistic Inquiry* 10-2, pp. 211-43.

Fowler, H. W. & Fowler, F. G. (1931) *The King's English*. 3rd ed. Oxford repr. 1970.

Davies, H. S. (1951) *Grammar Without Tears* The Bodley Head, London.

Jespersen, O. (1927) *A Modern English Grammar* PartⅢ. London repr. 1965.

Kisbye, Torben (1972) *An Historical Outline of English Syntax*

Part Ⅱ. Akademisk Boghandel.

Lowth, R.（1762）*A Short Introduction to English Grammar,* 英語文献翻刻シリーズ、13巻　南雲堂、1968.

Murray, L.（1795）*English Grammar, adapted to the Different Classes of Learners*, 英語文献翻刻シリーズ、19巻（宇賀治正朋解説）。南雲堂、1971.

中右　実（1978a）「英語における不定名詞句と非制限的関係詞節」、筑波大学文芸・言語学系紀要。

―――（1978b）「定冠詞は制限的関係詞節の関数である」、筑波大学言語文化研究会、言語文化研究レポート。

大田　朗（1955）「Shakespeareにおける関係代名詞 WHO, WHICH, THAT」,『福原麟太郎還遠暦記念論文集』研究社、pp. 162-67.

Rydén, M,（1966）*Relative Constructions in Early Sixteenth Century English*: With Special Reference to Sir Thomas Elyot, Uppsala.

―――（1979）*An Introduction to the Historical Study of English Syntax*. Almqvist & Wiksell, Sweden.

Saito, Toshio（1961）"The Development of Relative Pronouns in Modern Colloquial English." *The Scientific Reports of Mukogawa Women's University* 8.

Scheurweghs, G.（1964）"The Relative Pronouns in the XVIth Plays *Roister Doister and Republica*." *English Studies. Presented to R. W. Zandvoort*, Amsterdam.

Smith, C.（1964）"Determiners and Relative Clauses in a Generative Grammar of English," *Language* 40, pp. 37-52.

Soams, S. and Perlmutter, D. M.（1979）*Syntactic Argumentation and the Structure of English*. University of California Press.

Vallins, G. H.（1957）*The Pattern of English*. Penguin Books.

　付記 Goold Brown: *The Grammar of English Grammars*（1851）が姫路文庫（旧制姫路高等学校蔵書）に備えられていたのは有難かった。見つけ出して下さった三浦常司教授にお礼を申し上げます。

8. Ascham の英語—関係詞節構造—

序

　本稿の目的は16世紀イギリスの人文主義者 R. Ascham (1515-1568) の英語でかかれた三つの作品、すなわち、 *Toxophilus* (1545), *A Report and Discourse* (1553)、[1] *The Scholemaster* (1570) のなかから、*Report* に用いられている関係代名詞ならびに関係詞節構造（Relative Construc-tions）の記述をめざすものである。初期近代英語（Early Modern English）の関係代名詞についてはすでに、Mats Rydén 教授になるすぐれた研究 *Relative Constructions in Early Sicteenth Century English* (1966) があり、Ascham の上記三部作もその対象となって、統計的数字も示されている。これによって、Ascham が用いた関係代名詞（Relatives）の特徴を知ることができる。Lightfoot が指摘[2]しているように、Rydén の調査結果から、関係代名詞 who は *Toxophilus* において一例も用いられていないのに対して、*The Scholemaster* においては 54 例用いられていることがわかる。The men *who* had driven me from Oxford were distinctly Liberals. (OED) の who は今日普通使われているが、このように普通に使用され始めたのは 16 世紀以後である。興味深いことは、同一人物の手になる作品にこのような大きな変化が見られるばかりでなく、*Toxophilus* からわずか 8 年後に出版された *Report* にもこの who が用いられていることである。三つの作品

中に用いられた関係代名詞、関係詞節構造の間には、単に数字的相違のみなのか、あるいは他に統語上の相違が存在するのだろうか。この問題を明らかにするために先ず、*Toxophilus* と *The Scholemaster* の中間に位置する *Report* の記述をめざしたわけである。

1.

Ascham の *Report* の記述に入る前に、関係代名詞の用法の記述上の問題点を検討し、初期近代英語の関係代名詞の記述に際してどのような点に注意を向けるべきかについて明らかにしておく必要がある。

関係代名詞とは先行詞を指示して、節中では主語、目的語、述詞として用いられ、同時に節全体を先行詞に結びつける役割をするものと、先行詞をとらずに節全体が名詞あるいは副詞と同じ働きをする語であり、前者の先行詞をとる関係代名詞は単一関係代名詞（Simple relative）、後者は不定関係代名詞（Indefinite relative）と呼ばれている。これまでなされてきた関係代名詞の研究は関係代名詞の発生、起源についてのものか、個々の作品や特定作家の作品群、ある時代の作品群を対象にした関係代名詞の用法の記述—先行詞の種類（例えば人か物か）による関係代名詞間の選択、制限的・非制限的という先行詞と関係詞節との結びつきによる関係代名詞間の選択—が中心をなしているように思われる。我々はこれらの諸研究によって、OE, ME, Early ModE, ModE の各時期に用いられた関係代名詞の個々の用法についての知識と OE 以来 ModE に至

る関係代名詞の用法の歴史的知識を得ることができる。いかなる時期の研究であれ、先ずこのような記述的方法が行なわれなければならないことはいうまでもない。しかし、個々の関係代名詞の用法に注目するあまり、関係代名詞構文、つまり関係詞節構造を支配している統語的規則への視点を欠く危険もあることを忘れてはならない。如何なる関係代名詞が如何に用いられているか、単一関係代名詞間の数的相違を明らかにすることに満足せず、関係詞節は如何に生成されるか、生成のためには如何なる規則が必要となるか、といった関係詞節生成の統語的過程（grammatical process called relative clause formation）の観点からの記述も必要であると思う。本稿においては主として、Keyser, Grimshaw, Lightfoot の研究を参考にこの問題を考察するつもりであるが、その前に準備として、Chaucer と Shakespeare を主として、ME と Early ModE の関係代名詞（Relatives）についてその用法を概観しておきたい。[3]

Chaucer においては、1）人をさす先行詞に続く関係代名詞としては、that, the which, which, whom, whos（= whose）が用いられたが who はまだ用いられていない。2）which that が用いられた。3）主語にあたる関係代名詞を欠く接触節（Contact clause）が用いられた。4）that he（= who), that it（= which), that him（= whom), which him（= whom）が用いられている。一方、Shakespeare においては、1）人をさす先行詞に続く関係代名詞としては、that, the which, which, whom, whose が用いられたが、who も用いられるようになった。2）which it（= which）が用いられ

ている。3) whom の代わりに who が用いられた。4) 接触節が用いられた。5) that that（すなわち最初の that が指示代名詞で、2番目の that が関係代名詞）が見られる。6) 不定関係代名詞 what が少し用いられている。A. C. Partridge は Early ModE の特徴的な関係代名詞の用法を示したあと、次のようにいっている。From the foregoing examples, it may be concluded that the use of relative pronouns in the sixteenth century was still in a fluid state. The range of modern relative constructions dates principally from the latter half of the seventeenth century.（pp. 163-4) ここで Partridge が16世紀の関係代名詞の用法が流動的（in a fluid state）であるというのは、which が人にも物にも用いられたり、who と whom に混合があるからであろうが、別の観点、すなわち、関係詞節生成という点から見るならば、OE 以来 ModE に至るまで、本質的に変化していないと主張されている。例えば "Relative Clauses in Old, Middle, and New English"[4] において、Geoghegan は次のように述べている。Most differences between Old and New English relative clauses consequently appear to be only superficial …… in all three periods, once the sentence which forms the relative clause immediately follows the antecedent, *that*-insertion applies producing an intermediate structure like (140): 'I saw the boy that Sue likes the boy.' Then the rules which determine the form of the wh-word apply and finally the deletion rules which produce the surface structure. (p. 59)

筆者は伝統的な分類に従い、that を関係代名詞として扱かってきたが、この that を関係代名詞と分類するか、接続詞とするかについては Jespersen[5] 以来問題となっていたが、はっきりとした決着がつけられていなかった。

　次の文を考えてみよう。[6]

(a) the man *who* came here

(b) the man *that* came here

宮田幸一によれば、(a)の場合、代名詞的性格の強い *who* を媒介として、the man に結びついているのに対して、(b)の場合、*that* 自身が連結のひもとなっていて、the man と came here を結びつけている感じがすると述べ、

(a)、(b)に対して次のような図式を与えている。

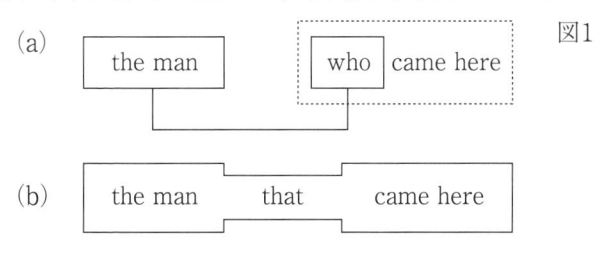

図1

　宮田の that と who の動きの違いについての観察は正しいと思われるが、これを理論的に保証する道具が手に入らなかった事が Jespersen の問題提起以来、決着が持ち越されてきた原因であろう。ところで、変形文法理論によれば、上記(b)の that は、代名詞ではなく、節標識（clausemarker）としての分布と特性をもつことから、complementizer（指標辞）と考えられている。[7] すなわち関係代名詞ではなく、次の(c)の that と同じものとされている。

(c) Achilles said that Briseis was best. (b)の that が関係代名詞ではなく、従属文を導く(c)の *that* と同じとするならば、どのようにして生成されたのだろうか。関係詞節生成過程を Keyser[8] は次のように説明している：

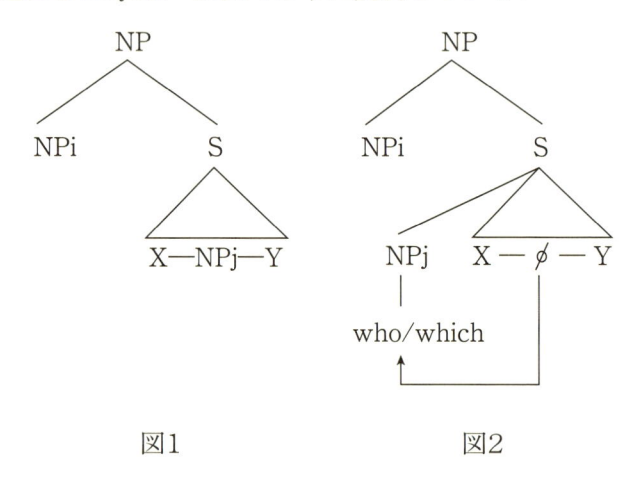

```
           NP                        NP
          /  \                      /  \
        NPi   S                   NPi   S
             /\                        /|\
            /  \                      / | \
           X—NPj—Y                  NPj  X—∅—Y
                                     |
                                  who/which
                                     ↑_____|
```

図1   図2

図1のような構造が与えられ、NPi と NPj が coreferential（同一指示的）であるとき、1) NPj を適当な関係代名詞（who か which）によって置き換え、それを埋め込まれている S の前に図2の如く移動させる。2) 条件に従って、前置された関係代名詞を任意に消去する（例えば、関係代名詞に前置詞が付いていない場合は消去できる）、3) NPj が前置詞句の一部である場合には、前置詞句全体を節頭に移してよい、という規則を適用すると、[9] 以下の文が生成される。

(1) She liked the man *who* she spoke to.
(2) She liked the man she spoke to.
(3) She liked the man to *whom* she spoke.

以上の説明によって、関係代名詞節の生成過程が明らかになったが、もち論、このような簡単な構造や規則によって全ての関係詞節表現を生成することはできない。第一に(b)の *that* の説明ができない。Emonds は(b)、(c)の that は従属文の指標辞（marker）との立場をとり、この marker が図3のように COMP に支配されており、COMP が空の時、that が導出（spelled out）されると考える。

従って彼によれば、(b)は概略、次の過程（steps）によって生成される。

Prerelativised structure:

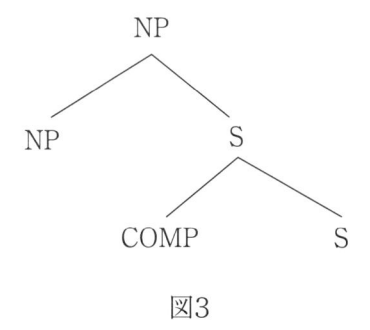

```
        NP
       /  \
      NP   S
          / \
        COMP  S
```

図3

I know the man (*that a man came here*)
Removal of NP by relative deletion; optionally a pronoun is left behind:

A. *I know the man* (*that he came here*)

B. *I know the man* (*that came here*) ＝ （b）

WH fronting in A of NP:

A. *I know the man* (*who came here*) ＝ （a）

Optional *that* deletion in B when *that*

precedes NP:

B. *I know the man (came here)*

　この生成過程によって、宮田の設定する三段階の関係詞節が作られる。[10] すなわち、イ) 関係代名詞 "*who, which*" を用いた関係詞節、ロ) that を用いた関係詞節、ハ) that が省略された関係詞節、である。そして、彼によれば、先行詞に対する密着度はイ)、ロ)、ハ) の順で強くなり、*who, which* の省略はたとえ目的語として機能している場合でもないという。宮田の英語の文法現象、事実に対する観察は鋭く、*that* の本質を見抜いている。我々は関係詞節を形成している *that* は関係代名詞ではなく、従属文を導く標識 (complementizer) と考えてよいと思う。

　次に、Emonds の関係詞節生成の方法と適用される規則等に差異は見られるが、原理的に同じ立場に立つ Grimshaw の Chaucer の関係詞節生成の分析を検討し、[11] Early ModE の関係詞節構造の記述の手がかりを得たい。彼女の主張によれば、Chaucer の英語の関係詞節生成のためには二つの規則、一つは関係代名詞化される名詞句を関係詞節の節頭 (the head of the relative chause) に前置する規則、もう一つは、関係代名詞化される名詞句を基底構造 (underlying structure) 中の元の位置のままのときに消去 (delete) する規則が必要であるという。前者は Movement 規則、後者は消去規則と呼ばれる。ところで、Traugott と Keyser は ME の関係詞節を Movement 規則によって生成する分析を提案しているのに対して、

Berman は "The Relative Clause Construction in Old and Middle English" の中で、OE, ME においては、前置 (fronting) 規則と消去規則という二つの関係詞節生成の規則が働いていると提案しているが、Grimshaw は二つの提案された分析に対して次のように述べている。"Although both types of analysis are consistent with most of the facts, crucial evidence does exist. An analysis which allows only relativization by movement cannot account for pied-piping in Middle English, while a system like Berman's, with two rules of relativization gives a simple and insightful explanation for the data. (p. 36) 詳細に彼女の分析を紹介する余裕はないけれども、要するに Keyser の提案する "movement in all cases" analysis では ad hoc な規則を立てないかぎり、[12] Chaucer の関係詞節構造、特に pied-piping の現象を説明することはできないのに対して、彼女の提案する "movement or deletion" analysis は ad hoc な条件を課すことなく Chaucer の関係詞節の現象を説明することができるということである。そして "movement or deletion" analysis は次のような仮説によって構成されている。"*That* is a complementizer. Movement has occurred only if a relative pronoun appears in surface structure. In all other cases the NP in the relative clause has been deleted "in situ" under identity to the head by a rule which deletes across a variable. Once a relative pronoun has been fronted it is never possible to delete it. There is an optional rule of *that*-deletion." (p. 39) この仮説により、次の事実

が説明可能となる。Chaucer には（e）はあるが（d）はないという。

(d) *This bok *which* I make mencioun of

(e) This bok *that* I make mencioun of

もし、ME においては pied-piping が義務的に適用されるものとするならば、しかも pied-piping は movement rules だけに適用されるものであるから、関係代名詞 which をもつ関係詞節中では前置詞は後置されず、従って (d)は生成されない。荒木は"「前置詞＋wh 代名詞」型構文"[13]の中で、前置詞が関係代名詞を支配する限定的関係詞節に、(1)「前置詞＋wh 代名詞」型、(2)「wh 代名詞〜前置詞」型、(3)「that〜前置詞」型、(4)「関係詞の省略〜前置詞」型、の4つの型を設定し、19世紀以後の作品25篇について、調べた結果を報告し、次のように要約している。「これを要するに、25人の作家のうち、"preposition at end"の関係詞構文を、比較的広い範囲にわたって比較的多く用いているのは、Carlyle と Browning だけである。他の作家は、文末におかないと、不自然な、きわめて落ち着きの悪い、あるいは、きわめて単調な表現による場合以外は、前置詞は常に（略）、あるいはほとんど節頭に移している、ということである。」(p. 9) さらに 16、17、18 世紀の文学作品を調べた結果では、「少数の例外を除いて、どの作品においても、"preposition at end"の関係詞構文が広い範囲にわたって、愛用されている」(p. 11) が、18 世紀の末頃から文語で"preposition at end"の関係詞構文、特に(2)型、(3)型がさけられるようになったという。上記 Grimshaw によ

れば、*that* をもつ関係詞節では pied-piping は起こらず（従って「前置詞 + that…」はないということ、（これは ME ばかりでなく、英語の全史を通じてそうである）、関係代名詞 which をもつ関係詞節においては、義務的であるという。ME において(2)型が少なく、(3)型は多いということが帰結される。それでは何故、18 世紀の末頃から(3)型がさけられるようになったのだろうか。Grimshaw の仮説の線に沿って推論するならば、*that* に代って wh- の関係代名詞が好まれるようになったからということになる。[14] 言語理論に裏打ちされた統語的現象の記述の重要性がここにあると思われる。

2.

前置き：以下に Ascham の *Report* に用いられた関係代名詞 *who, which* と関係詞節を導く complementizer *that* を中心とした記述を示す。序文で述べたように、Mats Rydén 教授によって、*Report* に用いられた関係代名詞表現全体にわたる調査が行なわれているが、筆者は Ascham の英語で書かれた三部作品における統語的研究を志し、すでに動名詞（Gerunds）、不定詞（Infinitives）を発表しており、本稿も統語的研究の一部を成すものである。

2.1 単一関係代名詞
2.1.1　Who:
先行詞を限定的に修飾する制限的用法に用いられた例は一例もない。先行詞としては、固有名詞（Proper noun）、

普通名詞、人称代名詞、不定代名詞、属格の名詞、所有代名詞が用いられている。先行詞は全て人をさす。先行詞は文の主語、動詞の目的語、前置詞の目的語として機能しているが、特別な傾向は見られない。51例中、固有名詞が先行詞の場合は17例。

> Exx. This fault (Cicero sayth) vndyd *Caesar who* drew the commō law into his own house,... 140/ And yet I heard a *gentlemā of Millan* say (*who* was sent hether to the Emperour...) that... 133/ But I do him wrong to say *he* followeth none, *who* could for his purpose be... 164/ And not by the puisantnes of *others who* were knowne to be his open enemyes. 123/ In *the French mēs* handes: *who* therby haue such opportunitie to fortifie it,... 139/ But Duke Maurice... to *his* present talke *who* was neuer heard in the matter before, he... 166

2.1.2 Whom:

who と同じく制限的用法の例は見られない。先行詞としては、固有名詞、普通名詞、代名詞が用いられている。先行詞は全て人をさす。16例中、11例は前置詞によって前置され、残りの4例は動詞の目的語である。

> Exx. For *Polynices*, for *whom* this verse was first made in Greeke, did fill not... 158/ I know also many a good *mitio*, which haue played long

partes *whom* I pray God kepe long still vpon the stage, 159/ For he was commonly *one whom* they had vsed in all their Dietes and priuate practises: … 152

N. B. 「前置詞 + whom…… + 前置詞」型が2例ある。Exx. The fift is Marchess Albert *of whom* I purpose to write on: 146/ Both these Princes were slaine…, *of whom* in life, nature & benefites would they should haue taken most cōfort *of*. 158

2.1.3 Whose:

制限的用法の例は見られない。先行詞としては、whomと同じく固有名詞、普通名詞、代名詞で、全て人をさす。9例中、5例は前置詞によって前置され、2例ずつが動詞の目的語、補語として働いている。

Exx. For euen this last Lent. 1553. *Don pietro di Toledo* dyed at Florence *by whose goyng away* …142/ *Three Turkes* of good estimation and place, were taken by the Christen men: for *whose raunsome* great summes of gold were offred. 131/ And yet the remembraunce of him is neuer out of place, whose worthynes is neuer to be forgotten. 156/ My hart weepes for *those noble men* of England, *whose valiantnes* in warre, *whose wisedome* in peace this Realme shall want and wayle... 157

2. 1. 4 Which:
制限的用法、非制限的用法のどちらにも用いられ、[15] 先行詞が人にも物についても区別なく用いられている。

（ⅰ）先行詞が人の場合：固有名詞、普通名詞、人称代名詞、不定代名詞が用いられている。

> Exx. And see how nobly Duke Maurice did *which* for ye loue of his coūtrey, durst fall from... 164/ And therfore (sayth he) with *Christen men which* care for no trothe promises may iustly be broken. 131/ Yet he gaue *them* lyfe and libertie *which* would haue taken both from hym. 133/ To returne to the Viceroy of Naples the common opinion of *those* in this Court *which* haue priuate cause to say well on him do speake... 142/ So... as *no man* departeth commonly from Rome without company *which* commeth to Naples without robbyng. 142

（ⅱ）先行詞が物の場合：普通名詞、指示代名詞、不定代名詞が用いられている。また非制限的用法の場合、節や句が先行詞となっている例もある。注目すべきことは、「前置詞 + which…」の型は1例、[16] 前置詞が後置される"preposition at end"構文は用いられていないことである。

> Exx. He practised with the French kyng for *the*

warres which followed after. 152/ And that I may accomplish my purpose, which is to paynt out as cruelly as can,⋯ 150/ And wise men say that the Duke of Bauiere, also is euill contented for *that which* is written in that booke... 143/ And therfore the Duke him selfe thinccketh *nothyng which* he dare not speake,... 155/ For *the Emperour was glad to condiscend* (*which* surely in an extreme aduersitie was done like a Prince) without *money*,... 166/ He is accustomed *to recite some new story which* hee doth with such pleasure... 154/ But see the fruite and end *which* this vngodly great growing bringeth men vnto: 158/ I now finde true by experience, *which* I haue oft heard of others, & sometymes read my selfe: that mē make no such accompt of commodities when they haue thē, as when they want thē. 123

2.2 関係詞節を導く That:

Report において、which の 70 例に対して、that は 71 例見られる。先行詞が人にも物にも用いられているが、その割合は 43：27 で人の場合の方が多い。非制限的用法の例は Rydén の調査では報告されているが、筆者は判定できなかった。

(ⅰ) 先行語が人の場合：固有名詞、God（1 例）、人称代

名詞、不定代名詞、普通名詞が用いられている。普通名詞の場合、all, such, any によって限定されていることもあれば、「the＋形容詞の最上級」に限定されている例もある。

   Exx. And for that cause men say *Duke* Albert *of Bauiere that* now is *that* hath maryed the Emperours niece, was... 144/ ..., is to count *God* scarse wise *that* gaue it. 141/ *He that* gaue me this verse added thereunto this his iudgement,... 167/ To my writyng I will set forward *nothyng that* is false, ... 127/ His Maiestie might better bestow it on *some that* had more neede of it. 149/ *Some other* in this court *that* loued not duke Maurice,...., went about to say...167/ To *all that* came not in by fauour or money. 140/ For even *those that* dyd helpe him plucke down Pompey, dyd after kill him. 140/ And of *all men that* euer he had sene,... 167/ But *such Princes that* cary nothing els... 164/ Duke Maurice should become *the greatest enemy* to the Emperour *that* euer the Emperour had. 167

（ⅱ）先行詞が物の場合：普通名詞（「the, very, same, 形容詞の最上級＋普通名詞」の型が多い。that が先行詞となっている例が一つある。

   Exx. And for *the frendshyp that* was between Fraunce and the Turke... 130/ Yea *the very*

> *bowghes that* helped hym vp will... 158/ That is to my writyng I will set forward nothyng that is false, 127/ For he promised to geue me this house with *all the landes that* thereto belongeth. 151/ But such Princes..., deserue *the same* prayse and *the same* end *that* that Prince dyd,... 164/ And wise mē may say it was *yᵉ wisest deede that* euer yᵉ Emperor did, ⋯ 165/ Which begā the play to kepe him sport afterward for that *that* he had in Italy. 138

N. B. 先行詞が人と物を含むもの４例。"preposition at end" 構文がある。Exx. And showed him more humanitie then any Prince *that* euer I haue read *of* haue hetherto done to his prisoner. 154/ All the Prayse, yea *that* wit it self can wish *for* as we read... 158/ I will recite it in the toung *that* it was made *in*. 136/ For free and frendly aduise is the trimmest glass *that* any great man can vse to spye his owne fault *in*. 159

2.3　不定関係代名詞：

　先行詞のない不定関係代名詞は次のものが用いられている：whom（４例）who, whatso(euer)に修飾された例もある。

　　Exx.　Which thyng (Plato sayth) *who* cā not do, knoweth not how to write. 168/ For *who so* in climyng trusteth when he is goyng vp... 158/ And commonly blame *whom* they should not. 137/ And would deceiue *whom soeuer* he promised. 151/ But Princes and great personages which will heare but *what* and *whom* they list,... 137

2.4 注意すべき用例：

以下の例はいずれも1～3例しか見られないものである。

(ⅰ) that = that which. 3例ある。

　　Ex. As one *that* can say nothing of *that* he hath sene and heard abroad. 127

(ⅱ) the which. 2例ある。

　　Ex. For no wieke almost hath past in *the which* there hath not commonly come to my hand. 127

(ⅲ) who の代りに用いられた whom. 1例

　　Ex. The Popes counsel was that Octauio should put him selfe vnder the French kynges protection *whom* hee knew could most willingly receiue *him*. 135

(ⅳ) 副詞的に用いられた that. 1例

　　Ex. And will lead you the same way *that* I went euen to the Emperours Court beyng at Augusta... 169.

(ⅴ) Complementizer *that: after that, if that, how that,* が1例ずつある。

Exx. *After that* he had gotten that he looked for he got him home into his countrey. 162/ ... , *if that* in warre he had come to any vnderdele... 144/ This Court raised vp other rumors of this brech with the Turke *how that* this enterprice was made for Senipho sake... 130

(vi) いわゆる疑似関係代名詞 as, but, than. このうち、as をのぞいて他は1例あるのみ。

　　Exx. Then he desired the Pope that such bastilians and fortes of fence *as* were made about... 138/ He supposed there was not one in Italy *but* did loue hym... 133/ As I am more afrayed to leaue behind me much of the matter, then to gather vp more *then* hath sprong of the troth. 125

(vii) ゼロ関係詞節、明確なもの2例。

　　Exx. Let his enemies do to him the worst they could, 133-4/ There will seeme to see further needes, in any secret affayre then the best and wisest coūsellor a Prince hath 160

(viii) 関係形容詞 which:「which + Noun」の形で、主語、動詞の目的語、前置詞の目的語として用いられている。Noun としては人と物の両方が来ている。人は21例中4例である。

　　Exx. He aunswered smilyng..., *which saying* is cōmō in this court. 139/ Piramus...: *which Piramus* is a Papist for his life. 139/ *Which thing* my master

comming to mans state much misliked... 157/
For *which two* Pointes... 126

3.

　本稿において、AschamのReportに用いられている関係代名詞、関係詞節の記述を志した。関係代名詞 who が、非制限用法ながら、51例見られること、関係代名詞 which と complementizer *that* が 70 対 71 と等しい割合で用いられていることを指摘して本稿を結ぶ。

注

1) 正しくは A Report and discourse written by Roger Ascham, of the affaires and state of Germany and the Emperour Charles his court, duryng certaine years while the sayd Roger was there, 以後、*Report*.
2) Lightfoot, *Principles of Diachronic Syntax*, p. 321.
3) 三宅鴻著『英語学と言語学〈編〉前』pp. 362-3. Shakespeare に関しては、Brook (1976), Barber (1976), Partridge (1969) も参照した。
4) Ohio State University Working Papers in Linguistics No. 18.（pp. 30-71）に集録。
5) *A Modern English Grammar* Ⅲ.165-7.
6) 宮田幸一『教壇の英文法―改訂版』pp. 193-197.
7) Lightffot, ibid., pp. 313-316, で6つの根拠を示している。
8) Keyser, "A Partial history of the Relative Clause in English" p. 1.
9) この規則を以後 pied-piping と呼ぶ。

10）宮田、ibid., p. 197.
11）Grimshaw, "Evidence for Relativization by Deletion in Chaucerian Middle English" に拠る。
12）詳しくは Grimshaw, ibid., pp. 38-39 を参照のこと。
13）荒木『英文法―理論と実践―』、pp. 1-11
14）例えば、Saito（1961）を見てもこのことは示されている。
15）Mats Rydén, ibid., p.66 において，一応の基準は示されているが，区別の困難な場合も多かった。
16）但し、次例中の of which はここに含めていない。
　　Ex. The Lansgraue did so deceaue hym selfe with his owne conditions in makyng *of which* as d'Auila saith, he... 161.

Text:
テキストは *The Collected Works of Roger Ascham* ed. W. A. Wright, Cambridge, 1904（1970）を用いたが、*The Whole Works of Roger Ascham* ed. Giles, 1864（1970 AMS）も参照した。

参考文献：

荒木一雄, "Pronoun or Conjunction? — Relative That, As, But, Than—".『大塚高信先生還暦論文集』、研究社、1958.

――――『英文法―理論と実践』研究社、1965.

Barber, C., *Early Modern English*, André Deutsch. 1976.

Berman, A., "The Relative Clause Construction in Old and Middle English", NSF-26, manuscript, 1970.

Brook, G., *The Language of Shakespeare*, André Deutsch, 1976.

Emonds, J., *A Transformational Approach to English Syntax*, Academic Press, 1976.

Geoghegan, S., "Relative Clauses in Old, Middle, and New English", in Ohio State University Working Papers in Linguistics No. 18, 1975.

Grimshaw, J., "Evidence for Relativization by Deletion in Chaucerian Middle English", in E. Kasse and J. Hankamer, eds., Papers from the fifth Annual Meeting of the North Eastern Linguistic Society, Harvard Univ. Cambridge, 1975.

Jespersen, O., *A Modern English Grammar* III, Allen, 1965.

Keyser. S., "A Partial History of the Relative Clause in English", in E. Kaissean and J. Hankamar. 1975.

Lightfoot, D., *Principles of Diachronic Syntax*, Cambridge Univ. Press, 1978.

三宅　鴻、『英語学と言語学〈前編〉』三省堂、1965.

宮田幸一、『教壇の英文法―改訂版』研究社、1974.

太田　朗、"Shakespeare における関係代名詞 WHO、WHICH、THAT"、『福原麟太郎還暦記念論文集』研究社、1955.

Rydén, M., *Relative Constructions in Early Sixteenth Century English*, Uppsala. 1966.

Saito, T., "The Development of Relative Pronouns in Modern Colloquial English"、武庫川女子大学紀要 8、1961.

9. Roger Ascham の英語
—Infinitives—

　イギリスの人文主義者の一人であり、エリザベス一世の家庭教師でもあったロジャー・アスカム（Roger Ascham, 1515-1568）は、弓術奨励論をすぐれた散文体の対話形式で書いた *Toxophilus*（1545）と教育論、なかでもラテン語教授法を説いた *The Schoolmaster*（1570）の二つの作品で英文学史上知られている。[1] 筆者は英語で書かれたこの二つの作品の統語的観察・記述を志し、すでに動名詞（Gerund）表現について観察・記述を行なった。[2] 本稿においては不定詞（Infinitive）表現を対象に観察・記述を行い、Ascham の英語の不定詞の特徴を明らかにしたい。[3]

1.

　具体的な記述を始める前に観察・記述に関する理論的問題について少しふれておきたい。初期近代英語（Early Modern English, C.1500-C.1650）の to 不定詞の用法が近代英語（Modern English）よりもはるかに広いことを除くと、両時代の不定詞の用法の間には大きな違いがないと言われる。古代英語（Old English）以来、近代英語に至る不定詞の史的発達を見てみよう。OE では不定詞に二つの形があった。語尾が -an（swimman）で終わる単純不定詞[4]と to の付いた不定詞である。後者は動詞的名詞（Verbal Noun）の与格（dative case）と前置詞 tō から作られていて、tō な

し不定詞とはその機能においても異なっていた。tōなし不定詞はOEにおいては広く用いられているが、Mod Eに近づくにつれてその範囲は限定されている。一方、to不定詞はtōが前置詞としての意味をなくし、現在では不定詞の単なる記号になってしまっている。もともと動詞的名詞であったto不定詞はOE以来次第に動詞的性格を発達させ、中世英語（Middle English）期には「受動態不定詞」、「完了不定詞」、「完了受動不定詞」が見られ、その動詞的性格が著しくなっている。初期Mod E、チューダー王朝（C.1485 — C.1603）においては、[5] toのない不定詞、to不定詞ともに過渡的段階にあり、1) toのない不定詞を助動詞（can, dare, do, may, must, need, shall, will)、知覚動詞・使役動詞（feel, hear, see, bid, have, let, make, etc.) の後のみに用いるのは慣用的になっておらず、韻律上の手段として両不定詞の間にはゆう通性が見られる。2) Scripture to be in englysh is not necessary to saluacion（More）のように、to不定詞がその主語として主格の名詞を伴う例はShakespeare, Jonson等に見られる。3) いわゆる分離不定詞（Split Infinitive）は14世紀から見られるが、Shakespeare, Spenserになく Marloweに一例[6]あるのみ。4) for to不定詞の例は12世紀から見られるが、Shakespeare, Jonsonにおいてはまれにしか用いられなくなっており、それも通例韻律の手段として用いられている。5) 動詞 KNOW, SAY のあとに to 不定詞がくるのは、後期チューダー時代には普通であった。6) I thinke this lady to be my childe Cordelia（Shak., *Lear* IV. 7. 69) のようにいわゆる対格付き不定詞（Accusative with

Infinitive) 構文は思考・希望を意味する動詞の後でも普通であった。7) to 不定詞が ModE よりも広く用いられた例として、ModE では「前置詞＋動名詞」に書き換えられる用法、原因、条件等を意味する副詞節に相当する用法が見られる。[7] 8) 現代英語で受動不定詞を用いるところを能動不定詞を使用している、等々の用法上の特徴が見られる。現代英語の統語的研究において、不定詞の本質を文（Sentence）の名詞化（Nominalization）によって生成されるものと見る考え方によれば、to は次の(1)の that、(2)の所有格と -ing とともに complementizer と呼ばれ、変形操作の結果配置されるようになっている。[8]

(1) That John plays the piano bothers me.
(2) John's playing the piano bothers me.
(3) For John to play the piano bothers me.

これによれば不定詞が、a) 動詞と同じように、修飾語（副詞（句））、目的語、補語、をとること。b) 冠詞、形容詞によって限定、修飾されないこと。c) 完了形、受動形を有すること。d) 文中で主語、目的語、補語として用いられる、という動詞的ならびに名詞的性格を有していることを統一的に説明できる。それでは過渡的段階にある初期 ModE にこの理論的方法は適用できるだろうか。A. C. Partridge は次のように述べている。"There is little doubt that the multifarious uses of the infinitive in the sixteenth century gave subtlety of thought and feeling to the language; but writers acted

upon instinct, not having any grammatical formulations to guide them. Modern English has much less elasticity of use, but a clearer conception of the syntactical values of infintive phrases and constructions." (ibid., pp. 87-88)
また、安藤貞雄は Marlowe (1564 – 93) の英語の統語的研究において、"non-finite forms are derived from the underlying finite clause by 1) deleting the subject identity or indefiniteness condition, 2) obligatorily deleting a model whenever it is present in the underlying finite clause, and 3) inserting the complentizers to or ing in front of the main verb of the clause."[9] と仮定し、上でふれた変形文法理論に基づいた記述を行なっている。初期 Mod E の統語的研究にとって、両者の立場は避けることのできない方法論的問題を提出していると言える。理論に重点を置き過ぎて、16世紀の作家が不定詞に対して抱いていた意織を無視したり、個々の例外的表現にとらわれ過ぎて、不定詞の本質を見のがすことのないよう、両者の立場を総合した記述の方法が望ましいが、これは今後の課題としたい。

2. Ascham の英語の不定詞
2. 1. for to 不定詞
  (1) The vse of it in warre tyme, I wyll *declare hereafter*. 7.
  (2) ... to take that thynge in hande whyche I was not able *for to perfourme*,... 119
  (3) ... wherewith God suffereth the turke *to* punysh our noughtie liuinge wyth all. 49.

Ascham の英語においては不定詞は形態的には，(1) to のない不定詞、(2) for to 不定詞、(3) to 不定詞、が用いられている。このうち、ME 期以来用いられてきた for to 不定詞は 5 例見られる。

> The other is a lugg slowe of cast, folowing the string, more sure *for to last*, then plesaunt *for to vse*.3/ Plato would haue common maisters and stipendes, *for to teache* youthe to drawe easely and vniformely, that is *for to saye* not waggyng your hand,... 105/ A shootynge Gloue is chieflye, for *to saue* a mannes fyngers fom hurtynge,... 71

2.2. to のない不定詞

OE で広く用いれたこの to のない不定詞も Ascham においては次の場合に用いられている。

　a) 助動詞 (Auxiliary verbs), shall, will, may, can, dare とともに。

> And this felictie (...) within these few dayes shal *chaūce* also to Scotlande, 52/ In dede, you may honestlye *gather* that I hate them greatly, 28/ A stele muste *be* well seasoned for Casting,... 84/ Euen lykewyse can I saye of fayre shootyng,... 101/ ...that it *dare do* nothyng in the open face of the worlde,... 23

但し、need は to 不定詞とも共起している。ought は to 不定詞とのみ共起している。

> I *nede* not *shewe* the matter is so playne. 24 (= without to) / When y^e base and dull stryng *nedeth* neuer *to be* moued out of his place. 3 (= with to) / Therfore a learned man *ought* not to much *to be* ashamed to beare that some tyme,... 17

b)「知覚動詞」、「使役動詞」とともに。動詞としては、see（例）, hear（10）, perceive（1）, make（16）, cause（11）, have（8）, let（26）。

> I am very glad to se you *come* to that poynte... 19/ Yf any fletchers heard me *saye* thus,... 91/ Howe will they go about, yf they *perceyue* an honest man have money...? 25/ Yet the cause whiche made it *freate* a fore... must nedes make it *freate* agayne. 81/ This thing ones or twyse vsed wyl cause hym *forsake* lokynge at hys shafte. 118/ And this I speke also bycause you woulde *haue* me *referre* all to perfitness in shootynge. 82/ *Let* him seke chefelye of all other for shotynge. 18

c) had rather と共起する。1例
   And although I had rather *haue* anie other to do it

than my selfe,... 5

2.3. to 不定詞

Ascham の to 不定詞は副詞的用法の場合を除いては、現代英語と変りがない、a) 主部として用いられる、b) 補語として用いられる、c) 動詞、前置詞の目的語として用いられる、d)「目的語 + to 不定詞」構文として用いられる、e) 形容詞的用法、f) 副詞的用法、について観察する。

2.3.a. 主部として

Toxophilus においては主部としては to 不定詞のみが用いられている。主部として用いられる場合、1) 不定詞が直接動詞の主部になっている例、2) it と照応関係にある例、が見られるのは現代英語と変りがない。以下の如く分類して示す。

1) の場合：Adj, NP ともに 8 例ずつある。

$$\text{To} - \text{Verb} + \text{be} + \begin{Bmatrix} \text{Adjective (Adj)} \\ \text{Noun phrase (NP)} \end{Bmatrix}$$

And *to knowe that this is so*, is ynough for a shoter & artillerie,...108/ But *to shote wyde and far of the marke* is a thynge possible. 65

なお、be 動詞以外では made が 4 例ある。

> *To omit* studie sometime of the daye, and sometime of the yere, made asmoche for the encrease of learning,... 3

2) の場合：Adj 17 例、NP 5 例ある。

$$\text{It + be + } \begin{Bmatrix} \text{Adj} \\ \text{NP} \end{Bmatrix} \text{ to - Verb}$$

> And bycause the storye of the Iewes is..., *it* shalbe moost *fitte* to *begynne* with them. 39/ It is impossible either for me crafetelye *to fayne* them, or els for you iustly *to deny* thē. 21/ And as for hitting y^e prick, bycause it is vnpossible, it were a vaine thynge *to go* aboute it. 66

なお、it のかわりに that と照応する例、be 動詞以外では stand が見られる。

> And *that* is best I trow in war, *to let* it go, and, *not to stoppe* it. 56/ Yet surelye *it* standeth with good reasō *to haue* the coke fether black or greye,... 90

また、不定詞の意味上の主語は 21 の例のように for によって示されるが、絶対主格の例が 2 つ見られる。

whiche thing to be true is very probable, 47/ They vsed to drawe low at the brest, to the ryght pap and no farther, and *this* to be trewe is playne in Homer,... 104

2.3.b. 補語として

次の型に分類して示す。

(ⅰ) NP + be + to − Verb（主格補語）

(ⅱ) NP + Vt + it $\begin{Bmatrix} \text{Adj} \\ \text{NP} \end{Bmatrix}$ to − Verb（目的格補語）

(ⅲ) Ving + be + to − Verb

以上（ⅰ）、（ⅱ）、（ⅲ）のうち（ⅰ）の場合が最も多く 29 例、（ⅱ）は 3 例、（ⅲ）は 1 例見られる。[10]

But my purpose was not *to make* mention of those which were feyned of Poetes for theyr pleasure... 50/ But afterwarde it maketh it vnfit, *to abyde* any good stronge norishynge meate,... 13/ They shall fynde it,bothe less charge and more pleasure *to ware* at any tyme a couple of shyllynges of a new bowe,...82/ *Peecynge of* a shafte with brasell and holie, is to *make* ye ende compasse heauy... 87

なお、上記以外には、元来非人称動詞（Impersonal verb）であった seem, happen, chance のあとに to 不定詞が用いられている。

Therfore if in this matter I *seme to fable*, and nothynge proue,... 17/ Nowe if a simple man *happen* onse in his lyfe, *to win* of suche players,... 26/ But that they maye chose, and *chaunce* to shoote ill, rather than well, 59

2. 3. c. 目的語として

to 不定詞を目的語として取る動詞としては cove(3 例), desire(5), despise(1), fear(3), hope(3), know(5), learn(36), list(2), love(3), promise(1), purpose(4), refuse(1), require(1), suppose(1), swear(1), think (4), wish(1) の17 個ある。

Those be wiser men, which *couete to shoote* wyde than those whiche *couete to hit* the pricke. 66/ Where a mā alwaies *desireth to be* best... 9/ And therfore Homer doth *despise* onse *to name* him, in all his workes. 23/ Ye knowe that a man whiche *fereth to be banyshed*, out of hys cuntrye,... 56/ Wherby onely they *hope to mayntayn* theyr Papisticall kyngdome,... 52/ Bycause they *knewe* not whyche way *to houlde* to comme to shootynge,... 62/ And that euerye one of the m shoulde haue a harpe..., and *learne to play and sing*... 14/ In dede as for greate men, and greate mennes matters, I *lyst* not greatlye *to meddle*. 29/ For meane mennes myndes I *loue to*

> *be* lyke greate menne... 10/ This I dyd not *promise to speake* of,... 79/ Wherin he *purposed to shewe*, as Tullie sayeth in dede, 36/ What payne or labour wyl that man *refuse to take*? 67/ And therfore meruell not yf I *requyre to folowe* that example... 63/ Manye tymes you shal *suppose to shoote* downe the wynde,... 114/ Thā if the Turkes had *sworne, to bring* al Turkye agaynst vs, 49/ Whereby you are, and *thinke to persuade* other,... 39/ This ignoraunce,... causeth some *wyshe to be riche*, 109

前置詞としては but, about があるが、about は go about to の慣用句としてのみ用いられており、しかもこの about を前置詞ではなく副詞とする考えもある。[11]

> If any man shulde heare me Toxophile, that woulde thinke I did *but* fondly, *to suppose* that... 16/ ... which seketh none other thinge (...) *but to fede* vp dissention & parties ...52/ And doth euery mā *go about to hit* the marke at euery shoote? 65

2.3.d.「目的語 + to 不定詞」構文として

不定詞が目的語の補語として働いていると考えられる表現で、「対格付き不定詞」(Accusative with Infinitive) と普通呼ばれている。これには次の三つの型がある。

1)「知覚動詞」、「使役動詞」と共起する。現代英語にお

いては to のない不定詞が慣用的であるが、Shakespeare と同じく Ascham においても to 不定詞が見られる。但し、「知覚動詞」 see, hear は用いられていない。

> Nowe al this is to *make* him *to beg*inne,... 26/ Whyche thinge shall *cause* it bothe *to be* clean, well favoured ... 79/ You speake nowe Toxophile, euen as I wold *have* you *to speake*: 70

両者を比較すれば表1のようになる。[12]

表1

	see	hear	perceive	make	cause	have	let
to	0	0	2	7	14	5	0
φ	7	10	1	16	11	8	26

2) think, know 等の認識を意味する動詞と共起する。Verb + 目的語 + to be の構造をもつ。動詞としては、admit, confess, desire, espy, know, perceive, prove, show, think が用いられている。

> Yet the same man..., doth *admitte* holsome, honest and manerlie pastimes *to be* necessarie...2/ And you youre selfe I suppose shal *confess* ye same *to be* ye best way in teachyng,... 65/ Yet you may *desyre* hym *to set* youre heade, full on, and close on. 96/ The thirde shall *espye* them *to be* false,... 26/ The

Ⅰ　英語研究の"メーンストリート"　179

whiche he *knoweth* perfytlye *to be* fitter for his purpose,... 107/ The king of Ethiop perceyuinge them *to be* espyes, toke them up sharpely,... 41/ As for brasell, Elme, Wych, and Asshe, experience doth *proue* them *to be* but meane for bowes,... 74/ Examples I graunt out of histories do *shew* a thing *to be* so,... 9/ And this beginninge I can thynke verie well to be true. 53

3) to 不定詞が直接目的語であると考えられる場合、「方向」を示す副詞的な修飾語句であったと考えられる場合がある。*Toxophilus* には allow, bring, bute, call, command, compel, content, counsell, discourage, encourage, entreat, exhort, guide, hinder, help, lead, move, persuade, proue, provoke, require, set forth, suffer, stir up, teach が用いられている。[13]

Suche commune pastymes as men comenlye do vse, I wyll not greatlye *allowe* to be fit for scholars: 18/ Yf I take it in hande and not *bring* it to pass as you woulde haue it,... 68/ If god were wyth vs, it buted not the turke to be agaynst vs... 49/ I was not hastie to *calle* you,to descrybe forthe the wether,... 111/ Bycause sayeth Scipio, that if I *cōmaunded* them to runne in to the toppe of this castel,... 34/ wherof the leest of them may *compell* a man to leaue shoting,

21/ Seynge nether water nor lande, heauen nor hell, coulde scarse *contente* hym to abyde in,... 89/ I wolde *counsel* al the yong gentlemen of this realme, neuer to lay out of their handes... 33/ Lest this perfitnesse which you speke on wil *discourage* men to take any thynge in hande,...66/ Both bycause it (...) and also *encourageth* all other youth ernestlye to folowe the same. 10/ Than will they eyther *entreate* him to kepe them company... 26/ The fyrste thinge alwayes that the captayne dyd, was to *exhort* the people to gyue all the thankes to god...40/ whyche knowlege should euer more *leade* and *gyde* a manne to do that thynge well... 67/ ... whiche shoulde *helpe* good and sad studie, to abide in the vniuersitie amonges scholers. 14/ The thynges that *hynder* a man whyche looketh at hys marke, to shote streyght, be these: 118/ Agayne ther is an other thing which aboue all other doeth *moue* me, not onely to loue shotinge,... 11/ And the more you haue *perswaded* me to loue it, 30/ And these thinges to be true not onely Plato Aristotle & Galen, *proue* by authoritie of reason, 13/ The plentifulnesse of it maye prouoke all men to labor, 67/ As I wyll not *requyre* a trade in shotinge to be taught me after the sutteltye of Aristotle,... 63/ No mā wyl *set forth* hys foote to ronne, 67/ Yet God suffereth vs to haue the

Ⅰ 英語研究の"メーンストリート" 181

> perfyt knowledge of it,... 66/ And these reasons (as I suppose) *stirred vp* both great men to bring vp their chyldren in shotinge,... 10/ And surely yf I knewe that I were apte, and y^t you woulde *teach* me howe to shoote,... 58

なお、「対格付き不定詞」(Accustive with Infinitive) の受動構文と呼ぶべき「主格付き不定詞」(Nominative with Infinitive) 構文も用いられている。この構文のみで使用されている動詞は、appoint, comdemn, feign, labor, say の５個である。

> A pastyme then must be had where euery parte of the bodye must *be laboured to separate and lessen* suche humours withal: 18/ Disyng surely is a bastarde borne, because it *is said to haue*. ⅱ .fathers, and yet bothe noughte. 23

また、「完了不定詞」(Perfect Infinitive) が、perceive, show, suffer に用いられている。

> So ofte do I well *perceyue* our moste helpe and furtheraunce to learnynge, *to have gon* away with him. 45/ *Shaftes to have had* always fethers Plinius in Latin, and Iulius Pollux in Greke do playnlye *shewe*,... 88/ I (...) but with all my harte woulde

haue *suffered* you yet *to have stande* longer in this matter. 111

2. 3. e. 形容詞的用法

to 不定詞は名詞の後に位置して、その名詞を修飾するが、これにはⅰ) 同格名詞的にその名詞がどういうものであるか説明する働きをする場合、ⅱ) 不定詞が関係詞節と同様の働きをして、名詞を修飾する場合と、be に続いて補語と考えられるが、'be + to 不定詞'構文としていろいろな意味をもつ叙述形容詞に相当する用法がある。

1) 名詞修飾的用法：

ⅰ) 同格名詞的不定詞：(14)

Onely for *this purpose*, to teache his sonne Astyages to shote. 7/ And yt (= his counsell) *was this, to make* them weare lōg kyrtils to y^e foot lyke woomen,... 14/ As it were to gyue a man *warning to nocke* ryght. 90/ He maye chaunce haue *cause to saye* so of his fletcher,... 91/ Shoting is a peynfull pastime, wherof foloweth health of body (...), *habilitie to defende* our countrye,... 22

ⅱ) 関係詞的不定詞：

Therfore, seing that Lordes be lanternes to leade the lyfe of meane men,... 29/ Thys wonderfull worke of god (...), is a pleasaunte *thynge to remember and loke vpon*.117 / For it is a verie faire *day* for a mā *to shote* in. 2

上記の例 29 のように、不定詞の修飾する語がこの不定詞の意味上の主語である場合、例 117 のように、意味上の目的語である場合、例 2 のように、前置詞の目的語である場合、が見られる。また後者の二つの場合、不定詞の意味上の主語を示す for NP が用いられている例も例 2 以外にもいくつかある。また "Herodotus doth tell a wonderfull pollicy *to be done* by Xerxses... 95" のように受動形不定詞が少数用いられている。

2) 叙述的用怯：Toxophilus には次の三タイプが見られる。
　ⅰ) 'You are to blame' 型（2 例）
　　I would haue sayde you *had bene to blame* yf you had ouerskypte it. 89
　ⅱ) 'be + to 不定詞' 型（2 例）
　　which. ⅱ .surely yf they *were to rekē* agayne... 50/ whych *were* of matter to burne: 95
　ⅲ) 'be + 受動形不定詞' 型（3 例）
　　But how the thing *is to be learned* I will surely leue to some other... 6/And good mennes faultes *are not to be folowed*. 102

2.3.f. 副詞的用法

Toxophilus において、to 不定詞の副詞的用法としては、1) 形容詞修飾、2) 動詞修飾、3) 文修飾、が主要な用法である。

ⅰ) 形容詞修飾：先行する形容詞につづき、形容詞の意味内容を、種類、方面という点で限定、指定する働きをして

いる。[15] 'NP + be + Adjective + to 不定詞' 構文において、ⅰ）NP が to 不定詞の意味上の主語と考えられる場合。ⅱ）NP 不定詞の意味上の目的語と考えられる場合、[16] ⅲ）不定詞が受働形不定詞となっている場合、の三つのタイプが見られる。

> ⅰ) He was so *fond to leaue* at home his horse... 36/ I was so *bould to ask* hym. 53 / But as for the Turkes I am *werie to tavlke* of them. 50

ⅰ）のタイプに用いられている他の形容詞としては、able, apt, ashamed, better, content, fayne, fit, glad, hasty, loath, ready, sur, wont, etc.

> ⅱ) Yet some I wyll touche, bycause they be *notable*, both for me *to tell* and you to *heare*. 39/ The great string is more *surer* for the bowe, more *stable* to pricke wythal 72.

ⅱ）の形容詞ととしては、他に best, common, good, hard, high, honest, necessary, pleasant, profitable, etc.

> ⅲ) to suppose that a voice were so *necessarie to be loked* vpon, I would ask... 16/ And the booke also so *rare to be got ten*,... 46/ The fault is no[t] to be layed in the thyng which was *worthie to be written* vpon,... 5

ⅲ）に用いられた他の形容詞としては、easy, fit, hard, profitable, ready, vnpossible, etc.

2）動詞修飾：「方向」、「目的」、「判断」、「条件」、「譲歩」、「結果」などさまざまな意味内容をもっている。1例ずつ示しておく。

> For so I knowe I should neuer *come to shote* meanelye, 63/ Which those. ⅱ. noble menne dyd not more wyselye wryte for other *to learne*, (...) for other men *to folowe*. 33/ A Cooke cā not chop hys herbes... as woulde delyte a manne both *to se* hym and *heare* hym.99/ Therefore *to loke on* al pastymes and exercises holesome for the bodye,..., onely shoting shal appeare. 19/ *To graunt* Toxophile, that studentes may at tymes conuenient vse shoting as moost holsome and honest pasty-me: 19/ Bycause they were not brought vp wt outwarde honest payneful pastymes *to be* men: 9

3）文修飾：to 不定詞が文全体に対して修飾的に働く用法。下位区分として、独立不定詞（Absolute Infinitive）がある。[17]

> But *to conclude* of this matter 62/ But *to retourne* to shoting 46/But to be short 30/ But *to say* the truth 14/ *To speak of* shooting 4

3. その他

(1) 分離不定詞 (Split Infinitive) は *Toxophilus, The Schoolmaster* ともに見られない。

(2) 代不定詞 (Pro Infinitive) も両作品とも見られない。

むすび

本稿において、筆者は Ascham の *Toxophilus* に用いられた不定詞表現を観察・記述し、初期近代英語における不定詞の一つの姿を明らかにしようと志した。観察の結果は、Ascham に関しては、Partridge の主張、すなわち、"writers acted upon instinct, not having any grammatical formulations to guide them" はあてはまらず、現代英語の用法に非常に近いことが言えると思う。

注

1) I. A. Gordon, *The Movement of English Prose*, p. 90.
2) "Roger Ascham の言語 (I) – Gerund (ⅰ-ⅲ) –"、富山大学文理学部文学科紀要、1、2、3 号 (1974 ~ 1976)。
3) 今回は Toxophilus のみを取り上げた。
4) plain, simple, bare 等の形容詞を付けて呼ばれることもあるが、本稿では以後、to のない不定詞と呼ぶ。
5) 初期 Mod E の不定詞の特徴の項目 1) ~ 8) は主として、A. C. Partridge, *Tudor to Augustan English*, pp.88-87、による。
6) H. Sugden, 「Farie Queene の文法」(桝井訳述) p. 105 には疑わしい例が一つあると紹介されているが S. Ando, *A Descriptive Syntax of Christopher Marlowe's Language*, (p. 493)、によれ

ば Marlowe は用いてない。
7) 例えば、『英語学辞典』p. 334 を参照。*Toxophilus* には、"As the wether belongeth specially to kepe a lengthe (yet a side winde *belongeth also to shote streight*) ...116 が見える。
8) Complementizer placement に関しては、Kiparsky and Kiparsky, "Fact", 1968, ならびに A. Akmajian, *An Introduction to the Principles of Transformational Syntax*, pp. 286-308, J. Bresnan, "On Complementizers", in FL. 1970 参照。
9) S. Ando, ibid., p. 492
10) V-ing と to 不定詞が同格的に使用されている 1 例がある。 "Therfore to drawe easely and vniformely, that is for to saye not *waggyng* your hand,..., is best... 105
11) OEDs. v. About 10
12) 動詞 perceive の例を加えておく。He shall well perceyue halfe the parte of the worlde, to lyue in subiection,... 44
13) なお、to 不定詞を伴う use は、
　　yet if he giue it ouer, and not *vse* to shote, 59/ Woulde to god all Englande *had vsed* or wollde *vse* to lay the foundacion of youth 97/ Agayne he that *is not vse to* shoote 56
の如く用いられている。ところで、"And therfore shoters at that tyme *to cary* their shaftes withoute heedes 93" において、Giles, *The Whole Works* Vol. II. *Toxophilus* Book II. p. 129 は、to の前に vsed を加えている。
14) 同格名詞的不定詞は a.(例 7、14)、b.(90、91、22) に分けられるが、b のグルーブに属するものとして、authority, cumliness, custom, commandment, fear, hope, liberty, delight, help, leisure,

need, occasion, way, will, witts 等が用いられている。

15) Jespersen (M. E. G. V. § 17.2) の Infinitive of Specification にあたる。

16) ⅱ) に用いられた形容詞のうち、いわゆる「for + 対格」を伴う形容詞は、able, best, cumly (= comely), common, easy, fit, good, high, necessary, notable, profitable である。

17) 独立不定詞の例として、from the Christen men all Asia and Aphrike (*to speake vpon*), ... 48 がある。

Bibliography

1. Text

Wright, W. A. (ed.) *English Works of Roger Ascham*, Cambridge, 1904 (1970)

2. 参考文献（本文中に言及したもの）

Akmajian, A., Henry, F.: *An Introduction to the Principles of Transformational Syntax*, The MIT Press, 1975.

Ando, S. *A Descriptive Syntax of Christopher Marlowe's Language*, University of Tokyo Press, 1976.

Bresnan, J. W. "On Complementizers: Toward a syntactic theory of complement types," in FL. 1970.

Brook, G. L. *The Language of Shakespeare*. André Deutsch, 1976.

Giles, J. A. *The Whole Works of Roger Ascham* VoL. Ⅱ AMS Press, 1970.

Gordon, I. A. *The Movement of English Prose*, Longmans, 1966.

市河三喜（編），『英語学辞典』、研究社、1965[17]

Jespersen, O. A. *Modern English Grammar*, Vol. V. G. Allen, London.

1965.

Kiparsky and Kiparsky, "Fact", in *Recent Advances in Linguistics* ed. by Bierwisch and Heidolph, Mouton, The Hague, 1968.

Murray, J. et al. *The Oxford English Dictionary*, Oxford, 1933.

Partridge, A. C. *Tudor to Augustan English*, André Deutsch, 1969.

Sugden, H. *The Grammar of Spenser's Faerie Queen,* 桝井迪夫訳述、英語学ライブラリー、研究社、1959.

3. その他（一部）

Baldwin, C. S. *The Inflections and Syntax of The Morte D'Arthur of Sir Thomas Malory*, Boston. 1894.

Bryant, M. M. *A Functional English Grammar*, Kenkyusha. 1971.

Franz, W. 斎藤　他訳『シェークスピアの英語―詩と散文―』、篠崎書林、1958.

Hornby, A. S. *A Guide to Patterns and Usage in English*, Kenkyusha. 1966.

中尾俊夫、『英語史Ⅱ』、大修館、1972.

中島文雄（編）、『英文法辞典』河出書房、1955.

小川三郎、『不定詞』―英文法シリーズ16、研究社、1969.

大塚高信（編）、『新英文法辞典』三省堂、1970.

Ryan, L. V. *Roger Ascham*, Stanford Univ. Press, 1964.

Soderind, J. *Verb Syntax in John Dryden's Prose Ⅱ*, Uppsala, 1925.

PART II
英語研究の"バックロード"

1．関係詞—— Who, Which の2用法

　関係代名詞 who, which によって導かれる関係代名詞節は大きく分けて、その先行詞の意味を限定する働きをする制限的用法と、先行詞の性状について補足的説明を加える働きをする非制限的用法の2用法をもつが、従来その関心は先行詞が人か物かという意味分類による who と which の使い分けと、コンマの有無による上記で述べた2用法の意味的違いにほとんど置かれてきたと言ってよい。先行詞が定冠詞 the、不定冠詞 a のいずれによって修飾されていても制限的・非制限的の2用法は共起が可能であるが、イェスペルセンらの指摘によって知られているように、どんな名詞でも関係代名詞節の先行詞になれるとは限らないのである。先行詞となっている名詞が何に修飾されているか、先行詞の名詞あるいは代名詞の文法的性質によっては2用法の使用に制約がある。例えば、先行詞が any によって修飾された名詞の場合、次の例文が示すように非制限的用法は使えない。*Any book, which is about Japanese history, sells well.（*印は非文を示す）

　さらに、限定的性質の程度が最も高いと考えられる固有名詞が先行詞の場合には制限的用法にすることはできない。*John who once lived in Japan teaches us Japanese in our college.

　上記の制約は my wife, my father など固有名詞に近い限定的性質をもつ名詞が先行詞として来る場合にも適用され

る。すなわち、*My wife who lives in New York has just written me a letter. ただしこれには、先行詞が主格として用いられた場合という条件がつく。動詞や前置詞の目的語となっている場合にはこの制限は適用されないのである。さらに興味深いことには、たとえ主格であっても固有名詞が定冠詞に前置されると制限的用法の関係代名詞節も可能となる事実があることである。Are you the Redfield who writes those book reviews? ── Elmer Rice

【制限的・非制限的概念】関係詞節の働きは原理的には修飾であり、制限的・非制限的という概念は何も関係詞節の用法に限ったものではなく、President Haaland（コンマ無し）と Haaland, the President（コンマ有り）の２つの同格表現形式や形容詞による名詞修飾表現にも共通して見られるものである。したがってこの概念を生徒に理解してもらうのには、いきなり関係代名詞の例をもってくるよりは、「形容詞＋名詞」の修飾表現形式から始める方が効果的である。例えば a white house と white snow を示せば、前者は赤や緑の色の家と対比して白い家を限定・修飾し、後者の場合は単に雪のもつ白い色を強調しているにすぎないことが説明されるであろう。赤や緑の雪など存在しないことが分かっているからである。前者の働きが制限的、後者のような場合が非制限的と呼ぶものであることを理解させれば、関係詞節の２用法の導入も容易であると思われる。

【２用法の発見者はだれか？】19世紀初めごろまで、関係詞節はコンマによって先行詞と関係詞が離されて書かれる

ことが一般的であったことは知られているが、それではその当時、制限的・非制限的用法は知られていたのであろうか。先行詞を限定する働きをし、関係詞と先行詞の間に休止を置かない制限的用法と先行詞について補足的説明を加えるだけで、関係詞節の前後に休止を置き、書く場合にはコンマを置く、非制限的用法の2用法がこのような形で規則化されたのは、実は19世紀半ば以後のことなのである。不十分ながら関係詞節に2つの異なる用法があることに気が付いたのは、我が国でも明治時代広く読まれた「モルレー氏英文典」の著者 J. Murray であり、制限的・非制限的という2つの用法の規則化を行った最初の人はアメリカの文法家 Goold Brown で、1851年に出版した大著 *The Grammar of English Grammars* の中でそれぞれ、restrictive, resumptive という表現を用いて2用法の説明を行っている。私がこの事実を知ったのはイギリスの学者 H. S. Davies の著書 *Grammar Without Tears*（1951）によってであった。

2．語彙は英語4技能の土台である

　外国語は絶えず親しんでいないと、その単語を忘れ、文に対するカンをなくして、使いものにならなくなっていくものであると言われています。何年かおきに一度は思い出したように大学時代に習ったドイツ語を復習するのですが、いつもすっかり忘れてしまっていて以前の状態に戻るだけでも大変な時間をかけねばならず、まさに復習だけで毎回終わってしまい、いつまでたっても進歩がありません。いつだったか、ドイツ語教師をしている友人からドイツ語入門の月刊誌を1年分まとめてもらったことがありました。分厚い参考書を読むのは気が進まないし、第一、重くて困る。その点、雑誌ならば軽いうえにもってきて、毎号少しづつ勉強しながら12冊終わると自然にドイツ語の力がついている……などと虫のいいことを考えてのことでしたが、第1号（5月号）の付録を見ながら、私の今までのドイツ語の勉強方法が根本的に間違っていたのではないかとの疑問がわいてきました。たしか、「ドイツ語重要単語1600」という題のついた、一種の単語帳でしたが、これからドイツ語を学ぶにあたり、この単語帳の1600語を片っ端からできるだけ早く覚えてしまえというような注意が書いてありました。言語というものが結局、その単位である単語と、単語の結合上の規則ともいえる文法から成っていると見なすとき、言語の礎石たる単語を覚えることはその言語を学ぶための第一にしなければならない作業であるのは、当然といえば当然のことです。外国語の勉強という

とき、単語帳やカードを前に暗記する姿が浮かんでくるのもうなずけるわけです。

　中学で英語を始めて以来、今日に至るまで英語の単語を覚えてきましたが、学ぶ条件もちがい、割くことのできる時間も英語に比べたら非常に少ないドイツ語学習に英語と同じ勉強方法を取ろうとしたところにいつまでたってもドイツ語をモノにできなかった原因があると感じた次第でした。

単語は言語という自動車の部品にあたる

　よく用いられるたとえですが、言語という自動車にとって単語は部品に、ガソリンは人の思想（ideas）にあたります。この言語という自動車を走らせるためには、必要な部品を集めて組み立てなければなりません。じっくりと品質のよい部品が手に入るのを待っていてはなかなか自動車を動かすことはてきません。たとえ品質が劣っていても早く必要な部品をつけて車を動かす、動かしながら具合が悪ければ悪い部品を取り替えていけばよい。これがドイツ語という悪条件のもとでの車の操縦哲学でしょう。これに反して、学ぶ条件もよく、時間的余裕もたっぷりあった英語学習は品質のよい部品を待ちながらの自動車運転といえるかもしれません。しかし、このような好条件のもとでの英語学習であったにもかかわらず英語の実力がつかないで悩んでいる人、現在の英語力にもの足りなさを感じている人もいるでしょう。考えられる理由のひとつに語彙の貧困があげられます。これに対して、そんなことはない、辞書もよく引くし、新語（new words）に気を

つけ、lestobiosis, lyncean, renifleur, oscitant のような単語だって知っているんだと反論する人もいるかもしれません。そこでまず誤解のないように語彙ということばの意味用法、そして英語学習にとって語彙とは何か、について考えてみましょう。

外国語における語彙の定義

普通、語彙（vocabulary）とは一言語のなかで用いられている単語の総体の意味で用いられます。世界最大最良の英語辞書として有名な OED（オックスフォード英語辞典）の見出し語数が約 40 万、英語の語彙はそれ以上の数にのぼるという具合です。また、科学や芸術の専門分野において用いられる用語をまとめた言い方のときにもこの語彙が使われます。それではわれわれが「外国語を学ぶ場合には、語彙から入るのが効果的である」、そして「君の英語の語彙は貧困である」というときの、語彙とはどういう意味でしょう。手もとの英語辞典によれば、"the words known to and used by a particular person," "the sum of words used or understood by a person" とあります。どちらも非常に簡潔な説明ですが、ある国語辞典の「個人が使用する語の総体」より参考になります。次のように定義してみましょう。外国語学習における語彙とはある個人が知識としてもっている単語（あるいは単語の結合形である連語、成句、慣用句）や実際に使うことのできる単語の総体のことであると。さらに次の説明を加えておきましょう。ある個人が文

(sentence）の中で正しく使用できる単語、発話（speaking）において自由に駆使できる単語の総体を積極語彙（active vocabulary)、文中、聞き取り（hearing）において理解が可能な単語、前後の文脈により理解が可能となる単語の総体を消極語彙（passive vocabulary）といい、語彙はこの２種類に分けられるということです。

語彙の数と語彙の質

　以上から語彙の貧困とは、知っている単語の数の多少ではないということが理解していただけたと思います。英語学習にとって語彙とは、英語という自動車を動かすために必要な、そしてその車を安全確実に動かして目的地に着くために必要な部品としての単語の拡充と習熟の総体であるわけです。高等学校あるいは大学時代、英語の試験問題を前に２つ３つの単語を知らなかったために文全体の意味が把握できずに苦い思いをした経験をもっている人もいると思います。辞書を引けばすぐわかる程度の単語が２つ３つあったくらいならばこんなに苦労するはずはなかったのではないでしょうか。その人の英語の語彙の質に問題があったと考えていいでしょう。どれだけ多くの単語を知っているかでなく、読み、話し、聞く、書くという言語活動にとって知らねばならない、使用できねばならない単語にどれだけ習熟しているかということに帰するわけです。自己の英語の力を反省するとき、上記４つの技能のどの面に不足があるのか診断することから始めなければなりません。その診断から、先に示したactive vocabulary をふやすのか、あるいは passive vocabulary をふやさねばならないのかが決まってきます。語彙の質を高めるとはこういうことを意味するのです。(もちろん、週刊誌1ページくらいの分量の英文中に 10 も 20 も未知の語があるようでは質をうんぬんする前に単語の数をふやすことが先決となります。ちょうど学び始めたばかりのドイツ語学習において、重要語をとにかく覚え込む方法をとる段階に似ています)。

　幸い、われわれの大多数は中学校から英語を学び始め、知っている単語の数は相当数にのぼるはずです。たとえ実用の域に達していなくても、長い年月蓄積されてきたエネルギーは今少しの努力と正しい勉強方法によって自由に使うことができるようになります。さきのたとえを用いるならば、所持している部品の再点検と整備によって英語という自動車を動かすことができる状態にあるならば、持ち合わせの部品を有効に利用することがもっとも能率的な方法です。英語学習において語彙からのアプローチが有効なのはまさにこの点にあるといえるでしょう。

　ところで、私は上において英語学習上、語彙と、語彙のもつ重要性について述べてきました。英語を母国語とする native speaker が語彙をふやそうとするのは自分の意思・思想・感情などを相手により正確に、より効果的に伝えることができるようになるため、そして書かれたもの、相手の意思・思想・感情などをより正確に理解できるようになるためということがあります。外国語としての英語を学ぶわれわれはいったいどんな目的を持っているのでしょうか。また、語

彙に重点をおいた英語学習とはどうあるべきかについて、以下考えてみたいと思います。

語彙の質を高めるということ

　現在、約7億人、世界総人口の7分の1以上にあたる人々が英語を話しており、その数はこの20年間に40パーセントも増加しています。今や英語が国際語（lingua franca）にもっとも近い位置にあり、世界各国の人々に真剣に学ばれているそうです。Newsweek の特別レポート（"English, English Everywhere," November 15, 1982）によれば、このように世界各国で英語が学ばれているブームのおもな理由として、(1)世界貿易において取引の共通語として定着していること、(2)若い世代の文化現象である pop culture（大衆文化）において、英米人はもちろんのこと、外国人歌手も英語で歌うこと、(3)世界の首脳が会する国際会議をはじめとして、世界外交の舞台で英語が共通語として用いられること、(4)第2次世界大戦以後、科学の世界でもドイツ語に代わって英語によって論文が発表されるようになったこと、などをあげています。そのほか、英米の文化、歴史に興味をもち英語を勉強している人もいるでしょう。いずれにしてもいまあげたどの分野であれ、それらの分野に興味をもつならば英語の力が要求されることはいうまでもありません。どのような目的をもって英語を勉強しようとするのかによってその学び方も異なってきます。最先端をゆく科学技術の分野の専門技術者になると、ひとつの部門だけで数千以上の術語を覚

え込んで使用できねば実際の役に立たないと言われています。英米で発達した先進技術の分野に入ろうとすれば、使われている専門用語の総体——語彙——をふやすことが技術の勉強と同時に英語の勉強にもなっているわけです。しかしこの場合、専門用語の多くは名詞（noun）であり、特有の意味に用いられている動詞（verb）にすぎないでしょう。これらの用語を覚えたからといって、読む、書く、聞く、話すの４技能が飛躍的に向上するとは思えません。もちろん、専門の論文を読んだり、書いたり、あるいは専門家どうしの会話には大いに役立つでしょうが。結局、何をやるにしても、基本的な言語活動——４つの技能——において、正確な理解、短時間の内容把握、簡潔・明確な伝達ということが前提になります。専門の話題以外何も言えない、理解できないでは英語の基本的技能を身につけたことになりません。目的によって英語の学び方が異なるのは、４つの技能を保障する語彙の質を高めたあとに来るものなのです。

　さて、前に述べたように言語が語彙と文法規則からなっていると見るとき、単語や連語の意味を知っていても文の意味が理解できない場合、それは文の構造がわかっていない、すなわち文法の知識不足、文法の問題ということになります。しかし、単語の意味は知っているのだが、その単語が動詞として用いられる場合、目的語として不定詞や節（clause）を取ることができるか否かの知識がなければ文の構造を解明することができず、そのために正確な情報を受けることが不可能なことがあります。語彙の質を高めるとは、知っている単語の数をふやすのではなく、ひとつひとつの語が文法的にど

のような統語上の機能や制約をもっているか、意味的にどのような制約をもって用いられるのかまでを含めた単語の知識の総体としての語彙をもつことを意味しています。これこそ英語学習における語彙の位置です。

語彙からのアプローチの落とし穴

しかし、この語彙から入る勉強方法に欠点がないわけではありません。語彙をふやす場合、単語（あるいは連語、成句、慣用句）の意味や用法を調べることから始まりますから、辞書を相手の、目の仕事になることが避けられません。個々の単語の発音にまで気を配ったとしてもこれだけでは話す、聞くというふたつの技能が向上しません。英語の文には文としてのリズムやイントネーションの規則があります。個々の単語の発音ができてもそれでは文にならないからです。音声の面からの学習の必要性があります。

また、単語の知識をふやしていくといっても、ある単語のすべての意味用法を覚えることは不可能ですし（不必要なこともある）、中心的な意味を覚えていくのが普通でしょう。これがいつの間にか、覚えて知っている以外にはその単語には意味や用法はないとの錯覚に陥り、文脈が要求する意味や、文の構造が示唆する用法を拒み、勝手な解釈をこじつけてよしとすることがあります。言語に対する柔軟性を欠くようになり、皮肉なことに辞書を引くことを軽視し、結果的に語彙の貧困に至らしめる欠点もはらんでいます。英文のなかにはその文法構造が多少不明でも単語を知っていると文の意味が

理解できるものがあります。しかし、語彙力を信頼するのはいいのですが、文法の知識を軽視すると英語の力そのものが停滞し、結局はいいかげんな英語力しかつかないことになります。文法からのアプローチの必要性もあるわけです。

参考書だけでは身につかない質の高い語彙

　それでは、英語の4つの技能の土台となる質の高い語彙はどのようにして学んだらよいのか少し考えてみましょう。個々の単語の発音知識や意味用法を知っていてもそれだけでは十分でないことがあります。いわゆる同義語、反対語、口語表現、文語表現、そしてアメリカ英語、文体（style）の問題など、英語は入りやすくむつかしい言語であるといわれているように、もうこれでいいということがありませんし、参考書や解説書をいくら読んでも簡単に身につくものでもありません。これらの問題を含めた語彙をふやす最良の教材は英語作品です。私なら肩のこらない Carter Brown や Brett Halliday の mysteries, detective stories を選びます。1回目は辞書なしで読みます。2回目に地の文と会話文に用いられた未知の語や連語、成句、慣用句と思われるものをリストアップし、辞書で調べて単語帳を作ります。この単語帳の語を暗記するつもりで目を通し、出てきた場面を想像します。同一作者のほかの作品について可能なかぎり同じ作業を続けます。何度か試みるうちにはっきりした効果がでてきます。
　次に、英語辞典はすべて最良の教材ですが、以下のものの利用をお薦めします。

① *Webster's New World Dictionary of the American Language* (Second College Edition) William Collins
② *Oxford Advanced Learner's Dictionary of Current English*　Oxford University Press
③英語基本動詞辞典　研究社
④新英和活用大辞典　研究社
⑤新クラウン英語熟語辞典（増補新版）　三省堂
⑥英和辞典　指定なし

　語彙を増やすうえで辞典が必要なことはいうまでもありませんが、英語学習の段階では常用の英和辞典1冊を絶えず引き、疑問が解決しないときに、①〜⑤を参照すれば理想的でしょう。英語を読み、書く際に実に役立つ良書ばかりです。私は学生諸君に、⑤の辞典を使いこなせたら英語の実力は本モノと言っています。

　少し毛色は違いますが、次の辞典の存在も覚えておいていただきたいものです。

●英米文学植物民俗誌　加藤憲市著　冨山房

　英語を学ぶのがただ実用的だとしたらあまりに心が貧しいといわねばなりません。英語を母国語とし、現在の英語を、文化を築きあげてきた人々や国があるのです。それらの人々の文化が英語に反映されています。表面的な単語の意味用法の追求だけに終わらずに、語の意味の由来をさかのぼって語を理解することも語彙を増やす大切な方法となることがあります。教室で18世紀イギリスの文人、ジョンソン大博士のエッセイを読んでいたときのことですが、金の使い方を知らない金持ちの道楽の例がいく

つか語られたあと、"One makes collections of shells, and another searches the world for tulips and carnations." と続いていました。tulip は tulip, carnation は carnation に相違ないので、このまま読み過ごしてもいいわけですが、真に文を理解したことになりません。そこでこの本を調べてみると、17、18世紀ごろ、これらの花が愛好され、珍種は高価な値段で取引されたことが説明されています。これによってはじめて tulips や carnations を例として用いた大博士の意図が理解されたわけです。毎日使う本ではありませんが、深みのある知識を与えてくれる便利な参考書と言えます。

語彙力を高めるための教材

次に単語の知識を与え、語彙をふやすことを教えてくれる代表的な教材を紹介しましょう。

① **Six Weeks to Words of Power**　M. Funk 著　Pocket Books
② **All about Words**　M. Nurnberg / M. Rosenblum 著　Mentor

①、②とも語彙を増やすことを目的に書かれたものですが、語彙を増やすことの意義についてはまったく態度が異なっています。①が "Success and vocabulary go hand in hand." と、語彙を豊富にし、言語表現を豊かにすることによって、社会生活、職場における地位の向上とビジネスでの成功のための手段と考えるのに対して、②はそのような考えはまったくナ

ンセンスであり、自分たちの本は受験などの準備用として役立つこともあるが、読者にことばへの深い関心、ことばへの深い洞察力を養うことを目標にしていると主張しています。機械的な丸暗記を排し、語源からの理解、派生語などに分解しての理解と、①に比べて高度な内容となっていますが、程度が高いのが難点と言えます。

　現在入手可能かどうか不明ですが、次の1冊をもって終わりましょう。

● Speak Better, Write Better English　H. Coon 著
　Signet Key Books
　4つの技能について要領よくまとめられています。

3．指導技術再評価の変形文法理論

（1）高校英文法の場合について述べたい。

変形文法の応用とは、高校英文法の学習事項全体を考慮して、句構造ならびに変形規則を設定し、この規則と成分構造図を用いて、各学習事項を生徒に説明し、理解・習熟へ導いてゆく教授法をとることであると思う。次に、効果について考える時、規則導入の方法・規則間の導入順序など、この教授法内の指導技術に関係した効果についても当然言及すべきであるが、ここではその余裕がない。そこで、教授法としての変形文法の応用が効果的であると思われる具体例を挙げてみたい。

句・節・文の分類（単文・重文・複文）・文の変換、などの学習事項は、生徒にとっても教師にとってもすっきりしない事項であるが、変形文法を応用した場合、従来のこれらの教材の構成法や指導方法をかなり改良することができる。まず、句構造規則と成分構造図を用いて上記の文法事項を規則的・図式的に理解させる。次に、不定詞化変形や動名詞化変形などの既習事項と関係させて、文の変換を変形文法でいう「文法的変形」と「意味」を仲介とする、いわゆる言い換えの2つに単純化して指導するのである。

この例に限らず、変形文法を応用すると、全般的に教材の単純化・明確化・統合化が得られるばかりでなく、異質の概念の導入なしに効果的に拡張化も可能になる。

（2）質問を変形文法理論応用の立場からの従来の教授法の再評価に置き換えて述べたい。

今、教授法を、ある言語理論の言語観ならびにその理論によってなされる言語構造の分析・記述の成果に基づく＜言語教授理論＞と、この理論を実践するための手段としての＜指導技術＞の2つを合わせたものと考えるならば、変形文法理論に基づいた教授法を体系化しようとする立場から見て、とくに関心があるのは後者の指導技術の部分である。

高校英文法への変形文法理論の応用を（1）で述べたように実行する場合、その授業は文構造の解説だけに終わる危険がある。これでは英語の運用能力を高めるという本来の目的を果たすことができない。この致命的とも見える欠陥を解決するためには、高校段階においても、オーラル・アプローチの特色をなす「口頭文型練習法」、その他、従来の貴重な指導技術を積極的に取り入れなければならない。これらの指導技術あるいは教授方法をどのように変形文法応用の教授法に組み込むかは、今後の重要な課題となろう。

従来の教授法を再評価するとは、従来の教授理論から指導技術を切り離して、この指導技術を新しい言語教授理論によって再合成し、教授法の中に生かしてゆくことであると思っている。

参考：

より具体的事例の説明は、次の文献で知ることができる。

"変形文法と英語教育"—1969年度語学教育研究大会シンポジウム—語学教育　No.290、1970

4．高校における変形文法応用の効果

「変形文法の応用およびその効果」について、対象を高等学校の英文法に限定し、少し考えてみたいと思います。高校英文法に限定するのはこれが最も広くかつ具体的に変形文法の応用と関係していると思われるからです。

今高等学校における文法学習事項 A, B, C,... に対して従来それぞれ a, b, c,... の指導方法がとられているものと考え、これを SG（={a, b, c, ...}）で、また「変形文法」による指導方法を仮に TG（={T(A), T(B), T(C), ...}）で表わし、SG と TG の組み合わせのうち次の二つの場合を取り出し検討してみます。

1) SG を基本とし、そのうちのある方法 a あるいは b を T(A), あるいは T(B) で教える。
2) TG を基本とするが、T(A), T(B) の代わりに a,b を用いることもある。

上記のほか、SG, TG のうちから文法事項に応じて効果的と思われる方法を用いる、という 1) と 2) の中間的な場合も考えられますが、これについては考慮しない。したがって変形文法の応用とは、ここでは、1) の場合と考えられそうですが、こと、変形文法の応用の問題に関してはそう簡単に断定できない気がします。変形文法を文法事項の指導に応用しようとする場合、当然従来の文法指導の方法に対する評価や批判が前提としてあるべきです。またその評価や批判の方向によって、変形文法をどのように応用すべきか、あるいは変

形文法のどのような面を重視すべきか変わってくると思われるからです。たとえば私は従来の指導体系にはあまりにも「ツル・カメ算」的な思考要素が入りすぎており、このために文法事項の指導方法を複雑にしている傾向があるように思われます。高校英文法の段階では、「代数的思考」すなわち式がかわりに考えてくれる（「数学入門」岩波）ような要素を導入することによって、上記の欠陥はかなり克服できるのではないでしょうか。この点に変形文法の応用を考えたいと思います。このような観点に立つとき、変形文法において句構造規則ならびに変形規則の面を重視し、変形文法の応用とはこれらの規則を機械的に操作することにより、高校英文法で扱われる文型や文の構造を説明し、理解・習熟、活用へと導くことであると考えます。そして、私の意図する応用が実現可能となるためには、当然、句構造規則ならびに変形規則を、あるいはこれらの規則を支配しているいくつかの根本的概念の理解が必要となります。が、もし理解させることができたならば、高校英文法の広い範囲について、一貫して変形文法を適用した指導ができる訳ですから 1) の立場を取る必要はなくなり、結局、変形文法の応用とは 2) ということになりましょう。私は二年間、自分なりに変形文法を用いて英文法の授業を行なってきましたが、形容詞・副詞による比較構文、あるいは、助動詞や完了形等の個々の用法の指導を除くと、高校英文法は変形文法によって十分教えられるという結論みたいなものをもっています。もちろん、教えられるということは効果があることと等値ではありません。効果の基準を仮に、最少の時間数と労力により、文法事項の理解な

らびに習熟・活用に置くならば、現在のところ変形文法応用の指導方法は従来のそれに比べて、効果的とはとうてい言えません。上において、句構造規則ならびに変形規則等を理解させることができたならばと仮定しましたが、実はこれらの規則や概念を理解させるためにはあまりにも多くの時間がかかり、習熟・活用にまではなかなか行きつくことができないからです。

　しかし、このような理由だけで、変形文法による文法事項指導への応用は効果がないとして、断念することはないと思います。根本的欠陥というより変形文法応用のための基礎的研究の不足ということも考えられるからです。したがって、今は即時的効果を求めず、慎重に基礎的研究を積み重ねるべきだと思います。どのようにして変形文法の概念を理解させたら最も効果があるのか。あるいは高校英文法の全体を考慮しながら、どのような句構造規則や変形規則を設定すべきであるのか、研究しなければならないことはいくらでもあるように思われます。このような問題を解決した時にはじめて、変形文法の応用およびその効果について具体的な事実がわかると思います。

5．ifがなくても"仮定法"

そもそも"仮定法"とは…

　生まれてまだ話すことのできない乳児は、空腹・不快・不安といった体や心の状態を言葉によって表現することはできません。しかし、母親は乳児の泣き声の微妙な相違によって、子供が何を欲しているのかわかるそうです。乳児は泣き声の変化によって、体や心の状態を示していると言えるわけです。

　実在の言語において、話し手が発言をする時、発言の内容に対して話者がどのような心構えであるかを動詞の語形変化によって示す文法現象があります。これを法(Mood)といいますが、英語においては、ある事柄を事実として述べる場合、ある事柄を心の中で考えた想像・仮定・願望として述べる場合、ある事柄を命令として述べる場合に形態的区別が認められていました。順に直説法、仮定法、命令法と呼ばれています。

　しかし、現代英語では、この3つの法の相違をはっきり示す動詞の形はわずかしかありません。命令法の動詞は原形が使われており、不定詞の用法のひとつとして考えることも可能なので、法として認めない文法学者もいるのですが、仮定法の場合はどうでしょうか。

　かつては、英語の仮定法も直説法と同じく現在形・過去形の2つをもっていましたが、現代英語では仮定法本来の動詞の形は仮定法現在と過去の一部に残っているに過ぎません。

　主語の人称・数に関係なく用いられる仮定法現在のbe、

例えば Grammar *be* hanged.（文法なんかくたばってしまうがいい）や God *save* the Queen！（女王ばんざい）、そして、人称・数に関係なく用いられる仮定法過去の were、例えば、If I *were* you, I would soon come back.（もし私が君なら、すぐに戻るだろう）などです。

　しかし、本来の仮定法の形がわずかになったからといって人間の非現実に対する心の働きがなくなったわけではありません。本来の仮定法表現に代わる形が用いられるようになったのです。

　その１つは、直説法の過去時制を、仮定の意味を表す時制の特別用法として用いる方法です。

　If I *had* a car, I *would take* you there.（もし私が車をもっていれば、あなたをそこへ連れて行くのだが）

　If I *had had* a car, I *would have taken* you there.（もし私が車をもっていたなら、あなたをそこへ連れて行ったでしょう）

　最初の例文中の had, would は、形は過去形ですが、過去のことを言っているのではないことはわかりますね。次の had had, would have taken は過去完了形、「would+完了不定詞」ですが、直説法の過去完了形の用法と異なり、過去以前のことを言っているのではありません。事実と反対の仮定を示すのに用いられた時制形の特別用法による仮定法代用表現なのです。

　もう１つ、例を考えてみましょう。

　You *had* better go home at once.（君はすぐに家に帰ったほうがいいよ）

いわゆる「had better+原形」＝「〜したほうがよい」は、仮定法の慣用表現としてあげられるもので、もともと仮定法過去の表現だったわけですが、今日ではこの慣用表現以外の場合には「過去の助動詞＋原形」が用いられるようになっています。

　つまり、本来の仮定法表現に代わって、「助動詞＋不定詞」が仮定法の意味を表す代用形として用いられるようになったというわけです。先にあげた would take, would have taken は、時制（過去）形の特別用法と2番目の代用表現のミックスになっているのです。我々が仮定法を学ぶ時、語形変化による本来の仮定法表現と、今見てきた2つの代用表現の3つの表現が形の上であることを認識しておくとわかりやすくなります。

3つの基本的な表現

　今まで述べてきた仮定法表現を時制の上から分けてみると、大きく3つになります。

(1) **仮定法現在**：
　　現在または未来についての想像・仮定・願望（祈願）・譲歩などの意味を表す。動詞の原形を用いる。

If the rumor *be* true, we are ruined. ―副詞節中（その噂が本当ならば、我々はおしまいだ）

I require that you *be* back by nine. ―名詞節中（9時までに帰ってくることを要求します）

Heaven *help* her. ―独立節中（神様、彼女をお助け下さい）

Though everyone *deserts* you, I will not. ―譲歩の副詞節中（すべての人が君を見すてても、私は見すてません）

〈注〉仮定法現在は文語的な表現で、一般には直説法現在が用いられます。

(2) **仮定法過去**：

現在の事実に反対の仮定、実現不可能な願望などの意味を表す。直説法の過去形と同じ。

If he *were* here, I *would tell* him what I think of him. ―副詞節中（もし彼がここにいれば〔実はいないのだが〕、どう思っているか話してやるのだが）

I wish I *had* money enough. ―名詞節中（お金が十分あったらなあ）

It is time you *were* at home.（家に帰ってよい時だ）

He talks as if he *knew* everything.（彼はあたかも何でも知っているかのような口をきく）

〈注〉あとの2例は仮定法過去と用いられる特殊構文。

(3) **仮定法過去完了**：

過去の事実に反対の仮定や過去において実現不可能であった願望の意味を表す。直説法の過去完了形と同じ。

If it *had* not *been* for your help, I *should have been* drowned. ―副詞節中（あなたが助けてくださらなかったら、おぼれ死んでいたでしょう）

I wish I *had been* born earlier. ―名詞節中（もっと早く生まれていればよかったのになあ）

Had I only *known it*! ―独立文中（私がそれを知っていさえしたら）

He looks as if he *had been* ill for a long time. — as if 節中
（彼はまるで長い間病気であったように見える）

以上の(1)〜(3)は、仮定法表現に用いられた時制形からそれぞれ仮定法現在・過去・過去完了と名前をつけたので、現実の時の区分である現在・過去とは一致しないことに注意をしよう。

　また、if 〜の中に用いられた「should+不定詞（場合によっては、「were to +不定詞」）」の形をその表す意味が、未来のことがらに対して強い疑いを表すことから、仮定法未来と呼ぶことがありますが、これは意味の上からつけた名称であって、時制形の上では、仮定法過去に属するものであることに注意しましょう。

If someone *should come* while I am out, tell him to wait.（もし留守中にだれか来たら待つように言って下さい）

If she *were to* come, I *should* be glad to see her.（もし彼女が来たら〔よもやそんなことはないだろうが〕、喜んで会うでしょう）

if のない仮定法もある！

ところで、仮定法と言えば if 〜の表現と思っている人も多かったのではないでしょうか。今まで調べてきたように、if 〜と仮定法は直接の関係はありません。ただ、「もし〜ならば」のように if 〜が条件や仮定などの意味を表す条件節を作っているので仮定法と用いられることが多いわけで、この意味においてなら密接な関係があると言ってもいいでしょ

う。

　さて、条件・仮定の意味を表す副詞節(その代表的なものが if 〜 というわけです)を含む文を条件文と呼び、この条件文は、副詞節(条件節といいます)と主節(帰結節といいます)から成っています。

　次にこの条件節はその形と意味によって大きく2つに分かれます。条件節中で述べられている条件が、(1)事実を前提とする、疑わしいことを前提とする場合、(2)事実でないことを前提とする場合です。

　(1)の場合は条件節、帰結節ともに直説法を用います。If he *is* wise, he *will come*.(もし賢いなら、彼は来るでしょう)

　また、疑わしいことを前提とする場合、If they *be* in town, they *will come* to see us.(もし彼らが町にいるならば、会いに来るだろう)のように、条件節に仮定法、帰結節に直説法(従ってこの場合は仮定法現在)を用いていましたが、現在では条件節の仮定法も直説法が用いられるようになっています。

　次に、(2)の事実でないことを前提とする場合を条件節、帰結節を一般的な形で示せば、次のようになります。

イ．If…{動詞の過去形}…,…{(should / would)}+不定詞}…

ロ．If…{had+過去分詞}…,…{(should / would)}+完了不定詞}…

ハ．If…{(should / were to)},…{(should / would)}+不定詞}…

すでに見てきた仮定法過去、仮定法過去完了、仮定法未来にあたりますね。仮定法においてこの形は重要な働き、あるいは仮定法の指標としてがんばっています。

七つの if なし仮定法

ここまでの知識を確実にすれば仮定法の表現が全部理解できたかというと残念ながらまだ残っています。

1．if を省略した条件節：

「(助) 動詞 + 主語」の語順にかわります。

Had I been there (= If I *had been* there), I *would have objected.*（もし私がそこにいたら、反対していただろう）

2．if に代わる語：

if 以外の suppose (supposing), provi-ded (providing), in case などが用いられる。

Suppose you had seen her, what *would* you *have done*?（仮に彼女に会っていたとしたら、あなたはどうなさっていましたか）

In case it *should rain* (rains), the athletic meeting will be postponed.（雨が降った場合には、運動会は延期されるでしょう）

3．条件節の省略：

帰結節だけが独立して文中で用いられる。

I *would* sell my guitar for ten dollars.（私のギターを 10 ドルで売りたい）

You *should* keep your promise.（君は約束を守るべきだ

よ）

この助動詞の用法は、仮定法というよりも各助動詞のもつ辞書的な意味・用法として固定しています。

4．文中の語句：

主語の中に仮定の条件が含まれていることがある。

A wise man (= If he *had been* a wise man, he) *would* not *have said* such a silly thing.（賢い人ならば、そんなおろかなことは言わなかっただろう）

A child (= Even if he *were* a child) *could* understand it.（子供でもそれはわかるだろう）

5．前置詞句：

イ．**with**「～があれば」*With* more money (= If I *had* more money), I *would succeed*.（もう少しお金があれば、私は成功するのに）

ロ．**without**「～がなければ」*Without* his advice (= If he *had* not *advised* us), we *could* not *have reached* there.（もしも彼の助言がなければ、我々はそこに着くことはできなかっただろう）

ハ．**but for**「～がなかったら」*But for* the sun (= If it *were* not for the sun), we *could* not live.（太陽がなければ、我々は生きられない）

But for your help (= If it *had* not *been* for your help), they *might have been* unsuccessful.（あなたの助けがなかったら、彼らは不成功だったかもしれない）

〈注〉If it were not for ～ =「～がなければ」, If it had not been for ～ =「～がなかったならば」は仮定法の

重要構文ですね。

ニ．**otherwise**「もしそうでなければ」I went at once, *otherwise* I *should have missed* him.（私はすぐに出かけたが、そうでなかったら彼に会えなかったでしょう）

６．不定詞句：

toつき不定詞の副詞用法、名詞用法が条件を示すことがある。

To hear him *speak* French (＝If you *heard* him *speak* French), you would take him for a Frenchman.（彼がフランス語を話すのを聞けばフランス人と思うでしょう）

It *would have been* wiser *to have left* it unsaid (＝if you *had left* it unsaid).（それを言わずにおけばよかったのに─完了不定詞）

７．分詞：

分詞構文の形で使われて条件を示すことがある。

Left to himself (＝If he *had been* left to himself), he *would have gone* astray.（もしもひとりっきりにさせられていたら、彼は道に迷っていたことでしょう）

以上、仮定法の在り場所を教えてくれる目印の条件節が省略されている場合、条件が姿をかえて潜んでいる場合など、代表的な場合をあげました。条件節を導くifがある場合は仮定法であると気がつきやすいので、各仮定法の用法の基本を身につけておけば割合楽なのですが、いわゆるifなしの仮定法は大きな目印がないだけに大変です。しかし、潜んだ仮定法を発見した時の喜びはまた格別ですし、このような体

験を多く積むことによって仮定法の理解も深まるでしょう。

こうしてマスターしよう！

　仮定法のいろいろな表現をとりあげて、その表す意味と形を中心に説明してきましたが結局、一番大切なことは仮定法の原理（つまり話し手がある事柄を想像・仮定あるいは願望などのように心の中の考えとして述べる場合に動詞を語形変化させて示すということ）にはじまり、現代英語では動詞の活用変化による仮定法本来の表現に代わって、過去時制を現在の事実と反対の仮定の意味に用いるように時制の特別用法が仮定法の代用をすること、「過去の助動詞＋不定詞」の結合形式が、これまた仮定法の代用として用いられていること、をしっかり頭に入れることです。

　次に、仮定法の基本型の意味と形を仮定法現在・過去・過去完了と確実にしておくことが大事です。しかし、仮定法の基本型は仮定法が典型的に用いられる場合の公式化であって、条件節がなくても仮定法は用いられることも忘れてはなりません。多くの例に接していくうちに量が質に変わってくるものです。

　とにかく、仮定法といっても英文法の中で独立しているわけではありません。仮定法の代用表現としてよく用いられるwould や should は、未来時を表す will、shall が間接話法中で時制の一致のために would、should になったものかもしれませんし、人称にかかわりなく、主語の強い意志を示すwill が過去の文脈において、will の過去形になっているのか

もしれません。

　He *will* not help us.（彼はどうしても手伝おうとしない）

　He *would* not help us then.（彼はその時どうしても手伝おうとしなかった）

　したがって、仮定法を理解し、仮定法であるかどうかを判定するためには、先にあげた１～７の事例を頭にたたき込んでおくことが必要なことは言うまでもありませんが、他の文法事項（例えば助動詞の用法など）を確実にしておかなければならないのです。

　つまり、仮定法をマスターするためには英文法の基本知識を確実に身につけることが大事なのです。江戸時代の天才画家・葛飾北斎は、こう言ったといわれています。

　If Heaven had only granted me five more years, I could have become a real painter.──もう意味はおわかりですね。

6．からだの英語

　コトバを覚え始めた2歳前後の幼児を相手におしゃべりをするといろいろと教えられることがあります。「みっチャン、いくつ…？」

　かわいい2本の指がでてきます。「あたまはどこ？」「おめめは？」「おみみは？」と話しかけると、ちゃんと指で頭、目、耳とさしてくれます。今度は私が「ここは何？」とみっチャンが指でさした同じ場所を指で示すと、「みみ」と答えが返ってきます……。

「頭」「口」「鼻」…さて、どこが境界線？

　そこで、この次は、さっきより少しはずれた上の部分を指さしてみました。すると、みっチャンは困った顔をしながら小さな声で「はな」と答えてくれました。コトバを覚え始めた幼児にとって指さされた部分が頭であり、目、耳であると理解しているとしても何の不思議もないことです。陸つづきの国の場合、国境が長い間の両国間の歴史やいきさつによって確定したものであると同じように、人間の体の部分もどこからどこまで鼻であり口であるという明確な境界線が刻まれているわけではありません。どこまでを鼻とするか、口とするかは民族ごとにあるいは文化圏ごとに違っていても驚くにあたりません。体の部分の区切り方、とらえ方に必然性があるわけではないからです。

私達日本人はいわば日本文化あるいは日本語に育てられた目で、体を部分に区切ってそれぞれに名称を与え、その名称で体の部分の存在を受け入れていることになります。どうしてこんなことをくどくど書いたかと言えば、「からだの英語」を学習しようとするとき、どうしても以上の論点を頭に入れておいて欲しいからです。**文化も言語も異なる日本語と英語における身体部分の名称にはそれぞれの名称がもつ領域に食い違いがあることを知ってもらいたいのです。**

　ひとつ例をあげてみますと、女性に甘かったり、好色な男のことを、あいつは「鼻の下が長い」などと言いますが、この「鼻の下」は場所的には鼻と口の間の部分にあたります。

　私達はその表現通り、鼻の領域と理解していますが、英語には身体名称としてこの部分に与えられた特別な英語はありません。事実、和英辞典を調べても説明的に、part between the nose and the mouth とか under the nose と訳が与えられているだけです。なかにはあっさり mouth としたものもあります。

　つまり日本文化が、この場所をひとつの独立した身体部分と見なしているのに対して、英語文化はそうではなく、せいぜい口（upperlip）の一部としてしか見ていないことがわかります。

部分名称にも日英両語に大きなちがいが…

　鼻の下表現がでてきたついでに次の点に進みましょう。からだの英語を学ぶ大切な理由が、より正しいコミュニケー

ションを行うためであることは説明するまでもありませんが、これ以外にまだ理由が考えられます。日本語も英語も人間の動作や感情を表現するのに身体の部分名称を用いた慣用句を多く持っているということです。しかもこれらの慣用句の多くが単に動作を表現するだけでなく、比喩的な意味をもつ表現に転用されて使われ、豊かな言語生活の基礎をなしているという事実です。英語をよりよく理解しようと思うならば、これらの慣用句について知識を増やす必要があります。

　また、注意をしなければならないことは身体部分の名称が用いられていても、日英語においていつも同一の名称が用いられるとは限らないということです。日本語の「鼻の下が長い」に相当する身体名称を用いた英語の表現（慣用句）を見つけることはできません。be spoony on a woman と意味を媒介にした訳で逃げるしかありません。head ＝頭、顔＝face といった単純な置き換えで満足せず、それぞれの身体名称がもつ意味領域を把握することが、いくつかの基本的な語については特に大事なことです。

　以上、からだの英語を学ぶ際に必要な事がらを述べました。以下では頭の天辺(てっぺん)から足のつま先まで、からだの英語について、注意すべき点などを指摘しながら解説しましょう。

BODY

　body and soul（身も心も）という句でわかるように、soul（精神）に対する body は人間（動物も）の体にあたります。physique [fizíːk] は、からだつき、体格です。スタイルについては good figure, nice build と言って、女性に

figure、男性に build を用います。体格でも病気に対する抵抗力や体力に関する場合は constitution があります。(例) Mary has a very poor *constitution*.（メアリーは虚弱な体質です）body を作っているのは、flesh（肉）、blood（血）、bone（骨）、skin（皮）です。人間や動物の肉が flesh で、魚や鳥の肉は meat です。flesh and blood といえば、生きた肉体、生身の人間という句表現。bone が集まって skeleton（骨格）を作ります。また body は頭と手足を除いた人体の主要部分の意味にも使われます。手、足のそれぞれが limb（肢）、従って *four limbs* は両手両足ということになります。

HEAD

日本語と英語の対応する身体名称の中で、さし示す領域が大きくずれているものが多くあるので注意が必要です。英語の head は eyes、ears, nose, mouth, brain（脳）を含みますが、日本語の「頭」は「顔」を含んでいません。英語においては、face は head の一部であると考えるとよいでしょう。私達は目は顔にあると発想しますが、目を英語で説明すると、eye : the organ of sight at the front of the human *head* となります。目が頭の前にあるなんて、私達は想像しただけでも不気味な感じを持ちますよね。

それに、"顔を向ける"、"窓から顔を出す"は、それぞれ英語で、*turn one's head, put one's head out of the window* と、顔ならず頭が大きな顔（？）をしています。顔だけではありません。"首を振る"、"首を切られる"は、それぞれ *shake one's head, lose one's head* と、「首」までも head が首にし

ています。

　逆の言い方をすれば、日本語の「首」は英語の head の意味も持っているということになります。しかし、それではあまりにも「顔」がかわいそうというものです。なんとか"顔の立つ"ことはないかとさがしてみると、"顔をつぶされる"、"顔を出す"、"顔を上げる"はそれぞれ、*save one's face, lose one's face, show one's face, raise one's face* と、顔と face が対応しています。

　顔とくればいつもきまって思い出す事があります。ある先生からお聞きした話で申し訳ありませんが、その先生が学生の書いた英作文を直していた時、A man is not a face. の英文に出くわして一瞬目を疑ったそうです。しかし、しばらく考えたあと思わず笑ってしまいました。この学生は「男は顔じゃない」と言うつもりでこの英文を書いたと想像できたからです。

　ところで、顔にこだわるわけではありませんが、もう一点。丸顔（round face）が多い日本人にとって気になるのが"長い顔"。この手の長い顔の持ち主をふざけて"ロング"さんなどとからかうことがあります。ロングフェイスを縮めたものであることは言うまでもありませんが、それでは a long face は正しい英語でしょうか。答えはノーです。*pull a long face*（浮かぬ顔をする、まじめくさった顔をする）という慣用句でわかるように、英語で a long face とは「憂うつな顔、うかない顔」を言うのです。つまり long face という英語表現がないのではなく、long face は長い顔ではないということです。形容詞 longish、slender を使って、a longish (slender) face とか an oval face（うりざね顔）、a horse face（馬づら）なら立派に通用します。

　再び頭に戻りましょう。頭の天辺を the crown of the head、あるいは短く、crown, crown の部分の皮（毛）を scalp といいます。アメリカインディアンが戦利品として敵の死体からはぎとったのが、この scalp と言われています。forehead（額）、その下が brow（まゆ）ですが、単数形の brow は forehead の意味で使われることが多いので、brows, eyebrows（まゆ毛）と使い分けるのがよいでしょう。

　頭の左右に位置するのが ear, 耳たぶは earlobe あるいは lobe といいます。ブレット・ハリデーが生み出した有名な私立探偵、マイケル・シェーンは考えごとをする時に、この耳たぶを引っぱる（*tug one's earlobe*）癖があります。

　また、英語 ear を使った慣用句は非常にたくさんあります。*be all ears*（熱心に聞き入る）、*give an ear to* 〜（〜に耳を傾ける）などはお目にかかった人もいるでしょう。耳にまつわる迷信には、*If your ears or cheeks burn, someone is talking of you.*（耳や頰がほてるのは誰かがうわさしている証拠）などがあり、これは代表的なもののひとつです。

　目の外側にあって、物をかむと筋肉が動く所が temple（こめかみ）、顔の両側、目の下の肉づきのいい部分が cheek（ほお）です。*turn the other cheek*（不当な仕打ちをおとなしく受ける）は聖書に由来する有名な表現です。

　口をとび越して jaw（あご）に行きましょう。「あご」を使った日本語の身体表現をいくつか挙げてみると、"あごであしらう"、"あごをなでる"、"あごを引く"、"二重あご" など

が浮かんできますが、それぞれに対応する英語表現は、*turn up one's nose at a person, rub one's chin, draw in one's chin, a double chin* となります。英語ではどうも jaw の出番はないようですが、chin は下あごの先端部ですから、chin が出しゃばる理由もわかろうというものです。

首に移りましょう。すでに述べたように日本語の「首」は英語の head と neck の両方を含んでいます。neck（首、頸部）は前部の throat（のど）、後部の nape（うなじ、襟首）を含みます。throat につき出している骨が Adam's apple（のどぼとけ）です。禁断の木の実のリンゴをあわてて飲みこんだとき、リンゴがアダムののどに刺さってふくらんだというお話に由来します。ただしこれは成年男子にしかありません。念のため。

説明が前後しますが、「顔」の大事な部分三か所を忘れてはいけません。まず eye から始めましょう。eyebrows の下に上下の目蓋（まぶた）upper and lower eyelids があり、一本一本のまつ毛が eyelash（まとめて eyelashes）で、奥に eyeball（眼球）が広がって、その中に iris（虹彩）をとりかこむように white（白目）があります。iris にかこまれたのが pupil（瞳孔）です。同音異義語の pupil（生徒）は誰でも知っている語ですから、前後の文脈も考えずに pupil がでてくると「生徒」と訳す生徒があとを絶ちません。また、慣用句も豊富です。*be all eyes*（一心に見つめる）*give an eye to* 〜（〜に注目する）など ear を用いた慣用句とよく似ていますね。驚きなどで大きく見開いたまんまるい目が saucer eye、細長い切れ目を slit といいます。

鼻に移ると、鼻（nose）は前から見た場合、上方の鼻根からしだいに高まって鼻尖（the tip of the nose）までの軟骨のある部分を bridge（鼻梁、はなすじ）といい、両鼻孔が nostrils です。近年日本人も鼻が高くなってきましたが、高い鼻のことを a long nose、低い鼻を a short nose といいます。高いにだまされて high とか tall の形容詞を使わないようにしましょう。また横から見た特徴ある鼻の形によって、ギリシャ型（Grecian nose）、ローマ型（Roman nose）、ユダヤ型（aquiline nose）などと名づけられています。これは人種的に特徴ある形をもっていたことによるそうです。

　口（mouth）には、上下の唇（upper and lower lips）とその中に並ぶ歯（tooth/teeth）があります。泣きたい程痛い虫歯（decayed tooth）の経験をもつ人も多いでしょう。舌は tongue といいます。*Peter Piper picked a peck of pickled pepper* を早く言えますか。このような早口言葉は、日本語にも多くありますね。tongue twister といいます。

TRUNK

　首から下の体の主要部分を trunk（胴）といいます。一番気になる"胴長短足"は、これを用いて *long trunk and short legs* と言えます。trunk の上部が shoulder（肩）ですが、日本語の「肩」が線状の細い部分をさすのに対して、英語の shoulder は collarbone（鎖骨）や shoulder blade（肩甲骨）を含む幅広い範囲をもっています。*take the responsibility on one's shoulders*（責任を自分でとる）のように shoulder は力強いイメージを与えてくれます。"肩を貸す"、"肩を張

る"、"肩をいからす"がそれぞれ、*give one a shoulder*、*open one's shoulders, square one's shoulders* のように、日英両語で比較的対応する名称ですが、"肩をもつ" *take sides with* のように肩すかしを食うこともあります。

back（背中）、the small of the back は、辞典に腰部とありますが、正確には背中の下の方のくびれた部分です。waist がさす範囲は背骨の下部、骨盤の上部のちょうど上半身が折り曲がる細い帯状の部分で、日本語の「腰」と少し違います。足腰を鍛えるの腰は waist から両足のつけ根までの前部と後部で、英語の loins にあたります。（例）legs and loins.

waist のすぐ下に続くのが buttocks（尻）で、bottom、behind、backside などとも呼ばれています。読者の中には、お尻は hip じゃないのかといぶかる人もいると思いますが、英語の hip は waist の下の両横に張り出した部分で「尻」ではありません。ズボンの尻ポケットのある所と想像すればよいでしょう。

体の前面に移りましょう。breast は肩と胸との間の部分（＝胸部）と二つの乳房をさします。女性の breast は他に bosom とか bust とも言います。rib（肋骨）と sternum（胸骨）で囲まれた箱状の部分が chest です。chest に君臨するのが heart（心臓）というのは常識ですね。一説によると、古代の人々は記憶する力は心臓にあると信じていたので、*learn by heart*（暗記する）という句が生まれたのだそうです。

腹部は上品に abdomen あるいは belly で、腹部の真ん中にあるのが navel（へそ）というわけ。果物のネーブルの花

落ちの形を見るたびによくぞ navel orange と名づけたものと感心する次第です。

LIMBS

　ここではいよいよ最後に残った手と足が対象になります。ところで、英語には日本語の「手」、「足」に一語で相当する語はありません。「手」は arm と hand の両方を、「足」は leg と foot の両方を言います。

　英語の arm は「手」に相当する場合と hand を除いた部分をさす場合とがあります。arm（腕）は elbow（ひじ）で upper arm（上膊部、二の腕）と forearm（下膊部、前腕）に分けられ、forearm と hand の継ぎ目が wrist（手首）です。

　hand には fingers がありますが、けんかのときなどの、しっかりとにぎりしめた手の状態が fist（こぶし）となります。指のつけ根が knuckle、手のひらが palm、親指のつけ根のふくらみが the ball of the thumb です。forefinger（人さし指）、middle finger（中指）、塗り薬を付けるのに使ったことからその名があるという medicinal finger（薬指）は ring finger とも呼ばれています。古代エジプトでは左手の薬指は体の左側にある心臓に直結した血管が通っており、この指に ring をはめると結婚した人は互いに愛情を変えることがないと信じられたことに由来します。little finger（小指）、nail（爪）、なお finger に thumb を含めないこともあります。

　日本語では arm と hand を区別しないように、hand と finger も区別していません。「手」を用いた英文を書くとき間違いやすいので注意が必要です。（例）「パンは手で食べる」

は Bread is eaten with the fingers. で、hand ではありません。

　足に移りましょう。英語の leg は thigh（ふともも）からつま先までの足全体をさす場合と、foot を除いた「脚」の意味で使われる場合とがあります。上部の腰に接する部分が thigh、関節部分の knee（ひざ）、ひざから ankle（足首）までの前部が shin（向こう脛）、いわゆる弁慶の泣き所と呼ばれている部分です。"脛をかじる"、"脛に傷持つ身"などと日本人には親しい（？）体の一部ですが、英語には shin を使った慣用表現は見当たりません。従って意味をくんで、それぞれ、*hang on someone, one who is fleeing from the arm of justice* と逃げるしかないようです。shin の裏側が calf（ふくらはぎ）で、shin + calf = shank or leg となります。（例）「私は彼の脛を払った」は、*I swept his legs from under him.* という次第です。

　ankle の下にあり、しっかりと大地を踏みつけているのが foot です。足の指は toe といいますが親指（big toe）と小指（little toe）だけが名称をもち、残りの３本は the second, third, fourth toes と、いたってあっさりしたものです。instep（足の甲）、heel（かかと）、親指のつけ根のふくらみ部分が the ball of the foot です。heel から ball of the foot までが sole（足の裏）と呼ばれているところです。この sole は靴底にも使いますし、発音が soul（心）と同じところから、sole と soul をかけたしゃれがシェイクスピアの名作、ジュリアス・シーザーの第一幕はじめに使われていて有名です。

　最後にもうひとつ。fist が手をけんかなどの時ににぎりし

めた状態を示す表現であることはすでに hand の項で説明しましたが、leg でこれに相当するのが lap（ひざ）です。同じひざでも knee は体の部分に与えられた名称ですが、lap は子供や物を抱いたり乗せたりする目的が念頭におかれた時、座った状態の時の腰からひざがしらまでの部分をさすものと考えられています。(例)*She held her child on her lap.*(彼女は子供をひざに乗せた)

　今回は毛髪、皮膚、目の色、体の中の臓器、筋肉などについてふれる余裕がありませんでした。これらを表す英語にもいろいろとおもしろいエピソードや注意すべき点がありますが、またの機会ということにしましょう。なお、本文を書くにあたり利用させていただいた研究書、辞典の著者、編者の方々にお礼申し上げます。

7．英語・日本語

　教室で次のような会話表現がでてきた時の出来事です。
"May I ask what happened?"
"It's a long story."
"I'm all ears. Please tell me."
　一人の学生が急に笑い出しました。誰かがいたずらしてくすぐった形跡もありません。「全身が耳になった自分の姿を想像したらついおかしくなって…」とその学生は謝りました。英語を学び始めた頃は日英両語の表現の相違や発想の違いに新鮮な気持で接することができる反面、イディオムであることに気がつかず、トンチンカンな訳をして平気でいるものですが、英語力がついて来ると、少しでも変った表現ならばイディオムではないかと気がつくようになり、辞典を調べて be all eyes：「熱心に注視する」、be all ears：「熱心に耳を傾ける」という意味のあることを確認することなどさほどの労力も必要としません。しかし、いつの間にか、ただこれらイディオムの意味を知りさえすればそれでよしとする傾向が強くなりがちです。英語表現そのものの面白さやその表現が特有の意味をもつに至った由来などに気を配ることが少なくなります。授業中、急に笑いだした例の学生は英語表現に対して私達が忘れがちな新鮮な感覚の大切さを想い出させてくれたと反省させられた次第です。

　また、こんな事もあります。
"It's time to open your books and burn gallons of

midnight oil." の説明を求めたところ、ある学生は「burn the midnight oil は辞典に出ていますが、gallons of の使われた例はありません。この場合どんな意味になるのでしょうか？」と逆に質問してくる始末です。知らない表現だからと言って、いきなり辞典で "burn the midnight oil = 夜遅くまで勉強（仕事）をする" の意味を調べる前に英語表現そのものをすなおな気持でながめることから始めたら、そして次に辞典を調べていたら、もっとよくわかったのかもしれません。ランプの芯を切り、油を補給しながら、まさに夜の白むまで勉強に精を出すさまを burn gallons of midnight oil は伝えてくれています。英語表現から離れ、辞書的意味だけを媒介とする英語理解の方法を改めなければ、gallons of の使われた理由や誇張された表現のおもしろさを味わうことも、ぴったりした日本語訳をあてることも望めないでしょう。

　日本語と英語は構造の異なる言語ですから、英語の伝える意味内容を正確に日本語に表現しなおすことで満足しなければならない場合も多い――そしてそれすら困難な場合が少なくない――ことは言うまでもありませんが、英語がもつ表現自体の面白さを新鮮な感覚でとらえて日本語の訳に生かすように心がけてはどうでしょうか。

　ところで、健康に対する関心が非常に強いアメリカでは高血圧症などの原因とされている食塩はまさに目の敵にされており、反食塩キャンペーンは過熱するばかりだそうです。そのため逆に塩分不足による病気が専門家によって心配されている程です。次は塩分不足によってもたらされる弊害を警告する記事の一部です。

The frantic campaign against salt, they（=experts in hypertension）warned last week, should be taken with more than a large grain of the same. ― Newsweek, Spet. 27.（ ）内筆者補い。

the same は法律文や商業文以外では名詞の代りに用いるのはよくないとされていますが、代名詞でこの場合、the same = salt となりますから with ～ salt の表現に着目して辞典で salt の項を調べると（take）with a grain of salt:「割引して、加減して聞く」とあります。more than a large（grain of）は先にあげた gallons of と同種の表現と気がつけば「狂気じみた反塩分キャンペーンは大いに加減して耳を傾けるべきであると先週、専門医は警告を発した」位の意味になりますが、このままでは訳とは言えません。take salt:「塩を摂取する」に take with a grain of salt をかけた英語表現の面白さを、そしてこの名文（？）をモノした記者のユーモア精神をこの訳は欠いています。意味内容の伝達と英語表現の面白さに配慮した日本語訳が望まれる次第です。

8．ある同格表現について

次の例文を観察して見ましょう。
(1) She will soon get *here*.
(2) We met him *at the station*.
(3) I used to sit *here in this room* and knit clothes for him when he was young.

(1)は場所の副詞、(2)は場所を示す前置詞句、(3) は副詞と前置詞句による二重表現となっています。さらに次の例を見ましょう。

(4) The moon went *down* (or came *out*).

The sun was shining *over*.

Our kite flew *up*.

(5) He lived *over by the hill*.

But all the time, Luke and Elizabeth would be playing, *down by the beach*.

(4)は方向を示す副詞、(5)は副詞と前置詞句による二重表現となっています。

ところで、熟語や成句についてかなり知識をもっている学生諸君でもよくつまずくのが、この(3)と(5)の二重表現ではないでしょうか。英語において、「彼女はプールにいます」を単に She is in the pool. と表現するよりは She is *out in the pool*.「我々はあの山のてっぺんまで登った」を同じく副詞を用いて、We climbed *up to the top of the mountain*. と表現されることに気づいている方も多いと思います。つまり、

「場所・方向」を示す副詞によって大きく場所・方向を述べ、次に来る前置詞句によって具体的に詳しく場所・方向を示す働きをこれら「副詞＋前置詞句」の同格表現がしているのです。この場所・方向に関する「副詞＋前置詞句」の同格構造はI went to the library yesterday.における動詞go (=行く)と場所や方向を示す前置詞 to との間のゆるやかな結合関係の場合から、look at (=見る)のようにbe looked at by 〜の受動態が可能な一語の他動詞と目される結合関係の場合にも機能していると考えていい場合も多いのです。He went *over to America.*

(6) There was a window, and a back door that looked *out at the stable* beyond some little trees. —— *L. Wilder*

多くの英文に接して来た人達は経験的にこの同格表現の日本語訳を行っていますが、上に述べた原理的説明を理解しておけば、副詞や前置詞句が入り乱れた一見複雑な英文もかなり多く解決できるのではないでしょうか。何故ならば、英語においてこの同格表現が一つの大きな特徴になっており、また、よく用いられているからです。

次の引用は青酸カリによる殺人の疑いで捕った女性Fayの弁護士が彼女の婚約者に青酸カリ入手の可能性について質問した後に続く返答の一部です。"*Out at my place* the gardener uses it (= cyanide of potassium). I don't know just what for, but — well, *out there* the other day when he was showing Fay around the place — ." (*E. S. Gardner*)

文中用いられている同格表現 *out at my place* は第二センテンス中で *out there* と言い換えられていることに気づかれる

でしょう。上に述べた同格表現の原理を知っていればここであわてて *out there* を辞典で調べる必要はないでしょう。ところで、この例のように同格表現中の前置詞句が there に置き換えられることはよくあること（*down there, up there, over there*）です。しかし、これらの変化形は成句として用いられることも多いので注意を要します。

(7) Look at the pond *down there.*

(8) "Come right in and make yourself comfortable. Donald, sit *over there in that chair.*" —— *A. A. Fair*

(7)、(8)中の *down there, over there* になると単に場所や方向を示していると言うよりは発言者の感情がかなり大袈裟に表現されているようです。

勿論、いつでもこの同格表現の解釈によって全て解決できるわけではありません。例文(6)と比較して、次の文を考えてみましょう。

(9) They looked *out at the door.*

同格表現ととるならば「彼らは外の戸口を見た」となりますが、at the door を地点を示す前置詞句ともとれますから、「彼らは戸口から外を見た」も可能です。どちらをとるかはこの場合、前後の文脈によるでしょう。

私がこの同格表現について知ったのは『ナショナル第4読本研究・上巻』─熊本・喜安共編、大正2年発行─を読んでからでしたが、成句的表現の解釈を含め、常にこの原理に戻って考えてみることの重要性を痛感しています。

9. 英語と同語反復

　日本人の英語の欠点に同一語の反復使用があげられる。短い文章に同一の名詞や固有名詞が何度も使われている英文がよくある。この同一語を代名詞や同じ意味をもつ別の表現に言い換えるだけでも随分英語らしい英語にすることができる場合が多い。これは英語が同一語（句）の繰り返しを嫌う言語であるということによって説明できる。つまり、英語は同語反復使用回避傾向を原理的にもっていると考えられる。英文を書く場合、忘れてはならない事実であるが、立場を変えて英語を読む際にこの原理は何らかの意味をもっているであろうか。

　P. G. Wodehouse の短篇作 "The Romance of An Ugly Policeman" はロンドンの警察官、赤ら顔の醜男 Edward Plimmer が受けもち区域に住むお手伝いの娘に恋をする物語であるが、この主人公は作中、Constable Plimmer とその代名詞 he によって示されている。しかし、the wanderer, Edward Plimmer, Police-constable Plimmer, a man crossed in love（失恋した男）、a stout admirer of the sex（熱烈なる女性崇拝者）、the Force（警察）の異なる表現が用いられている。この中には繰り返しによる単調さを避けるためと思われるものもあれば、主人公の性格や仕事内容を簡潔に伝達する目的と思われるものもある。既に触れた英語の同語反復に関する原理を理解していれば、驚くことではないであろう。ところが、同一語（この場合は同一人物）の別表現であるこ

とに気がつかずに新たに別人を登場させる訳をする学生が多いのも事実です。翻訳書の中にもこの種の間違いが見かけられるだけに、この原理の存在を知っておくことは英語を読む場合にも有意義であると言えよう。

　ところで、実際の文学作品においては、原理通りの書き方がなされているかというと一概には言えないことが多い。むしろこの原理を逆手にとることにより、大きな効果を意図した作品があるので油断がならないこともある。例えば、Shirley Jackson の非常に暗示に富む短篇、"The Lottery"（「籤」）は年一回、村の大人全員がくじ引きの儀式に参加し、一枚の印のついた籤を引いた者が全員に石を投げられて殺されるという物語であるが、現実にありそうもないと思われる話を作者は全ての登場人物に固有名詞を与えて真実らしさを出している。くじ引きの進行を務める男の名前である Summers は Mr. Summers として実に 64 回（代名詞形が全部で 13 回、その他、彼を示す表現はない）使われている。主役であるならば、他の登場人物より多くの言及がなされて当然であろうが、この男は主役ではない。いや、作者の意図は主人公でないことを強調するために逆に繰り返し Mr. Summers を使ったと考えられる。反復使用による語の価値下降の効果がこの作品に我々の生きる現代の恐ろしさ、無気味さを読む者に感じさせる力をもたせるのに一役かっていると言える。

　もう一つ作品を取り上げてみよう。"The two women — one fat and one thin — sat at the window of the thin woman's house drinking tea and looking down the road which ran through the village." ——*I. C. Smith* 一人息子を戦場に送り出した二人の老女が村の端から戦死を知らせる電報を配達する男が近付いてくる状況を前にして、長い間もちつづけていたわだかまりを捨て、相互理解への感情変化を描いた短篇、"The Telegram"の書き出し部分である。この作品では、二人の老女は the fat woman, the thin woman と代名詞による反復だけによって示されている。二人の老女に対する語り手の感情移入は繰り返し用いられる the fat woman, the thin woman というつき離した表現によって否定され、あくまで冷静に、客観的態度で語られる。読者はこれによってまるで映画を見ているような気持にさせられて、意外な結末にまで導かれていく。同語反復回避の原理を逆にとってすぐれた効果をあげている作品と見ることができよう。

　勿論、手許にある作品を任意に選び出した上での結論に過ぎないので、ここで何か断定的なことを言うことはできないが、上に述べた原理を念頭において作品に対するならば、今まで気がつかなかった作者の意図やねらいに近づく―作品をより正確に理解する―ことが可能になるのではなかろうか。

10. 動作表現の意味

　日本の若者達のマナーの悪さのひとつに混雑した電車などの乗物のなかで脚を組むことがあげられる。たとえ混雑していなくても人前で脚を組んだ姿勢にまゆをひそめる年配の人達は多いようです。畳に坐る文化の中で育ってきた日本人にとって、脚を組む動作は欧風化された今日といえどもまだまだ抵抗があると言えます。英語ではこの脚を組む動作を cross one's legs と表現しますが、英語の作品を読んでいる際によくお目にかかります。英語国民がイスの文化をもつことを考えれば当然といえば当然のことです。ところで、日本人は人前で脚を組むことをあまりしませんが英米の男性は人前できちんとした姿勢をとるときに脚を組むそうです。日本人が脚を組むことをリラックスした姿勢と見なすのに対して英米人はそう見なしていないわけです。同じ身体的動作でありながら文化が異なればもつ意味も反対になるひとつの例といえると思います。しかし、同じ文化を共有する英米人でもこの脚を組む方法に相違が見られます。アメリカ男性が一方のひざの上に他方のくるぶしをのせて両脚を広く開けるのに対して、英国男性は両ひざを重ねて、両脚が平行に並ぶようにした組み方をします。アメリカ女性は英国男性と同じか、cross one's ankles といって、両くるぶしのところで交差して両ひざをくっつけた組み方がよいマナーとされています。この脚を組む動作に対して、組んでいる脚をもとに戻す動作を英語では uncross one's legs といいま

すが、少し大きな英語辞典ならば出ています。次の引用文を読んで下さい。"What was making me anxious was the Mystery embodied by the Immaculate Conception: how to have sex and remain a virgin at the same time? Eventually I lost my virginity, but I never learned how Mary did not. Any girl who ever *uncrossed her legs* and prayed may be interested in one explanation I recently heard. —— *Nancy Friday*

　キリスト教の聖母マリアの無原罪懐胎(the Immaculate Conception)への疑問を感じたことを述べていることはおわかりになると思いますが、問題は *uncrossed her legs* and prayed の表現です。「組んだ脚をもとに戻して祈ったことのある…」では意味が通じません。英語表現、kneel to pray, be on one's knees to pray のような例から、ひざまずいての祈りがあります。そこで、ひざまずいての祈りの姿勢への変化を *uncrossed her legs* によって表わしているのだと考えれば、「ひざまずいて祈ったことがある（＝キリスト教の信者である）娘ならば誰でも…」という訳も考えられると思います。もう少し進めましょう。1970年頃アメリカでベストセラーになったJ. ファストの *Body Language* によれば、脚の動作が実にさまざまな信号を送っていると解釈できる場合のあることがわかります。人前で女性が脚を組む時は相手を精神的に受け入れる意志のないことの無意識的ポーズであったり、身を守るための防御的体言語（ボディーランゲージ）と考えられること、逆に男性の注意を引こうとしたり、誘惑しようとする場合には流し目をしたり、スカートを直したり、何度も脚を組み変

えたりする動作の他に、組んだ脚をもとに戻して少し両脚を開くポーズをとることがあるそうです。また、女性の場合の uncross one's legs の動作には性的なイメージが結びついていることが多いと指摘してくれたアメリカ人男性もおります。以上のようなことを考慮に入れて、再び例の個所を訳してみましょう。「性的体験をし、（神に許しを乞うために）祈ったことのある娘ならば誰でも…」としてみました。翻訳としてどれを選ぶかはむずかしいところです。後者の訳は考え過ぎであると反対する人もいるでしょう。しかし、たとえ翻訳としてここまで訳出しないまでも、*uncrossed her legs* の表現の背後に性的な行為が暗示されていることは確かだと思われます。

　英語によって表わされた身振り、手振りあるいは体の動きの表現は辞書的意味に基づく解釈作業で解決する場合もありますが、英語文化の約束ごとを知らなければ発せられている信号を見落としたり、見間違えることも多いので、異文化の中で育った我々には苦手な部分の一つと言えると思います。

追記

keep your legs together! (or **keep your legs crossed!**)
　jocular advice to a girl or woman in order that she can thwart sexual advances. Mostly in the US, by the 1930s, though 'Cross your legs' was what Billy Sunday, the American evangelist, used to advise the females in his audience in the 1890s, adding, when they had done so, 'Now the gates of hell are closed'.

Dictionary of Catchphrases, by Nigel Rees, Cassell, 1995

11. "We are a B" 表現について

　授業で、「英国人は実際的な民族である」、「日本人は受容性に富む国民です」といった種類の和文英訳問題の答えとして、The English are a practical people. The Japanese are a very receptive nation. を示すと必ずといっていい位に文句をつける学生が出てくる経験があります。I am a student; We are students の式から、The English (or The Japanese) are の次に不定冠詞をもつ名詞が来るのは文法的におかしいというのが彼（ら）の主張の大部分をなしている。同種の人や物の集合体の名を表わす集合名詞の中に集合体を単一体としてみる場合は全く普通名詞と同じ扱いを受け、a people (peoples)/a nation (nations) のように用いることができる。また訳例中の主語、the English (or the Japanese) は、the ＋形容詞＝複数普通名詞と同じ意味になる型に属すること、あるいは Englishmen (Japanese) の集まったイギリス人（日本人）全体を表す集合名詞（Noun of Multitude）とみなすことも可能であり、従って呼応する be 動詞が are になることを説明すれば例の学生も「A are a B」表現に理解を深めてもらえる次第である。ところで、A に代名詞 we が来る場合、例えば、We are an island people.（我々は島国民族である）のような例文中に用いられている we は同格表現 we Japanese における同格語 Japanese がコンテクスト上自明であるから省略されたのであって、このような表現における we は常に他の集合体と区別される集合体を背後

にもっている時にのみ用いられる、という説明をつけ加えたあとで思わぬ例にぶつかった。次の引用文を見ていただきたい。"We react to space in a different fashion. In New York <u>we are an intensely crowded city</u> and because of this we have developed an individual need for privacy. ― *Body Language*, by J. Fast（ところがアメリカ人は空間に対して違ったふうに反応する。ニューヨークは、神経がイライラするほど人の多い都会なので、個々人のプライバシーへの欲求が大きくなっている。）――石川弘義訳。

　問題はすでにおわかりのように下線を施した部分である。"I am the State (L'Etat C'est moi)"と言ったルイ14世ならともかく、we are an intensely crowded city は奇異な感じを与える。その原因が名詞 city にありそうなことはわかる。どのように考えるべきであろうか。ところで、city は通例、定冠詞を伴って「全市民」、「全市の人々」の意味で集合的に用いられる。The entire city is mourning his death. これは the village を「村の人々」とする用法と同じであるが、さらに考えを進めて、a forest が trees の集まりと見なすように a city を citizens の集まりと見れば、city を集合名詞ととることも可能である。他方、主語の we についてであるが、原書中、引用個所に至るまで、空間（space）に対するイギリス、フランス人の対応行動が述べられ、引用個所よりアメリカ人の場合、特にニューヨーク市民の場合について言及がなされていることと、著者 Fast がニューヨークと深い関係があることを考慮すると、we は著者を含めたニューヨーク市民の集合体を表わすものとしてよいであろう。結局、我々は下

線部を施した表現を「A are a B」と同種のものと見ることになる。念のため同僚の米人教師にここの引用個所を示して文法的正否を質したところ、We are a very strong team in this university. の例を挙げてくれた。team が典型的な集合名詞であることを考えると city を含む引用個所の妥当性に疑問が残るが、彼によればある集合体の構成員がその集合体と自己を同一視する精神状態のときにこの表現が用いられるということである。単に "Our team is very strong" という意味内容の伝達だけではなく、さらに I am just the member of this team. といった発言者のチームに対する強い愛着が加味されているわけである。発言者が属する集合体への強い一体感を表わすこの "We are a B" 表現中の B に用いられた名詞によっては——例えば city ——この表現を非文法的とする米人インフォーマントもいる。しかし、次例の存在は現代英語におけるひとつの傾向を示してはいないだろうか。"We are a very good fighting ship."——吉田一彦氏提供。

　なお、この表現において、very と形容詞がどのような役割を果しているかは今後の課題としたい。

12. 日・英語句読点についての一考察

　配置換えになったある社員が新しい職場に挨拶に行って、応対した社員とビールの小瓶をあけて飲む。今度はその応対した社員が自分も配置換えになって新しい職場に移ることを告げる。そこでまた両者が小瓶をあけて飲む。画面から２人が消えて、「…男の句読点。」というタイトルがクローズアップされる。これは最近見たあるビール会社のCFのあらましであるが、日本語の句読点についての見方を如実に物語っているようで興味深かった。文章の補助符号である句点（まる、「。」）、読点（てん、「、」）などの句読点の用い方、すなわち句読法についてのまとまった解説書が出たのは明治以後のことらしいが、今日でも句読点の打ち方に迷う人は多い。論理的な意味のつながりを重視して句読点を打つ場合と、息の切れ目や口調上の理由から句読点をつける場合とが共存していて、いまだに句読法の原則が確立していないことにその原因がありそうだ。しかし、我々日本人が句読点についてもつイメージは、句の切れ目や文の意味の切れ目に添えるしるしということではないだろうか。上記のビールのCFのタイトルが示すように一段落ついたところでの一服の合図程度であって、何か途中に強引に割り込んで、あることを中断させる、終らせるといった積極性に欠ける。句読点がなければ意味が不明となる例は話のタネとしてはよく引き合いに出されるが英語の場合ほどの深刻さはない。例えば、what a girlが"What a girl !"なのか、"What, a girl?"なのかはひとえ

に積極的に介在させられたこれら句読点の有無によるのだから。

　実は、ビールのCFを見ながら日英両語における句読点の発想の相違について考えたのは以前学生諸君と以下の英文を読んだ時のことを思い出したからである。数年前、イギリスでは、百日ゼキの予防注射による接種事故以来、後遺症を恐れて子供に予防注射を受けさせない親が続出し、そのため多くの子供たちが百日ゼキに対して免疫がなく、過去25年間で最悪の大流行という非常事態にあわてた政府は、子をもつ親たちに予防注射を受けるようにPRを展開する。引用はテレビに流された政府広報を扱った記事の一部である。

　"While you make up your mind about whoopingcough vaccination, thousands of children are holding their breath. "This is the ominous publicservice message – punctuated by racking coughs in the background – that flashed on TV sets all over Britain last week. Newsweek, Sept. 27. 1982

　ここで問題となったのが、「（文などに）句読点を打つ」という意味をもつ動詞punctuateである。ある学生が百日ゼキの咳を句読点に考えて、"While you ...... their breath."のナレーションは語句の切れ目切れ目にこの咳の音が入って、文における句読点のように用いられたと解釈した。つまり彼によれば句や息をつく個所に合図のように咳をする音が聞こえたということになる。この解釈には咳がナレーションの途中に割り込んできて、発言を中断させるという積極性まで考慮されていない。句読点を打つという定義に日本語の句読点についてのイメージが重なってこのような解釈で終らせたの

であろう。

　しかしながら、例えば、オックスフォードの英語辞典 COD の定義：insert stops in (writing)、mark or divide with stops; (fig.) interrupt at intervals (speech) with exclamations etc. から明らかなように、正しくは「背後の身もだえするように苦しい咳によって中断された」となるであろう。この政府広報番組の製作者の側に百日ゼキの咳を背後に流すことによって、メッセージをより効果的に視聴者に伝達しようという計算があったことは言うまでもなかろうが、咳を文字言語の句読点に見たてていたかどうかまではわからない。この点に関してはむしろ記事中に動詞 punctuate を用いて文を引きしめた記事執筆者の言語感覚に軍配があがるであろう。しかし、「…咳によって中断された」ではこの英語としてのおもしろさは訳出できないので不満が残るがいた仕方ないように思われる。以上日本語の感覚に基づく発想が英語の解釈に影響を与える場合のあることを句読点を中心に考えてみた。

13. 大文字と強調

　英語の話し手が発言中のある語句を強調して聞き手の注意を引こうとする場合、強調したい語や句を通常のイントネーションよりも高低の差を大きく発音したり、特別の強勢（ストレス）を置いたり、語句の前に休止を置く、といった手段がなされる。それでは書かれた文の場合において、文中の語句を強調するときはどうかと言うと、強調しようとする語や句を大文字（capital letters）で始める、単語、句全部を大文字表記にする、下線を施す、斜字体にする、引用符号（" "）で前後を包む、などといった手段が用いられた時代もあった。

"And a woman is only a woman, but a good Cigar is a good Smoke." ── R. Kipling

　しかし、現在ではアメリカの大学生用の作文教科書類に主張されているように、これらの機械的手段による強調方法は避けられる傾向にあり、他の工夫、例えば語順転換、強調したい発言内容を表現するのにぴったりの適語の選択、といったものが勧められている。

　機械的手段を多用することによって強調の効果を出すどころか、文の流れを妨げたり、目ざわりなだけで逆効果を生む危険性のあることは想像できる。我々日本人が英語を書く場合には特に留意したい点であろう。

　しかし、これらの機械的手段も少し工夫を加えることによって思わぬ強調効果を発揮することがある。

ところで、マイアミの赤毛の私立探偵と言えばご存知の方もいるかと思われるが、作家 Brett Halliday が生み出したヒーロー、Michael Shayne ということになる。この私立探偵マイクの登場するシリーズの 1 冊に次のような使用例がある。

　マイクが外から自分の事務所に戻ってみると、秘書のルーシーが 1 人の男を前にして困りきっている。渡りに舟とばかり、入ってきたマイクに話しかけるルーシー。

　Lucy said quickly, "This is Mr. McTige, Mr. Michael. One of Chicago's foremost <u>Eyes</u>." Her lips twisted over the word and <u>her voice capitalized it</u>. Without pausing she went on rapidly "He's telling me the most fascinating things about the way a private eye operates in a big city, and it makes us seem just too provincial …… in this little old hick town." ― *Killers from the Keys* ―

　foremost, the most fascinating、あるいは hick, provincial と言ったどぎつい語句を用いることによって、ルーシーは鼻もちならない来客の応待にいかに困っていたかを一気にマイクにぶっつけている。さて、問題は下線を施した Eyes と her voice capitalized it ということになる。eye とは俗語表現で、a private detective のことであるが、何故、大文字 E が用いられているのであろうか。ルーシーはこの eyes を発音する時、口をゆがめ、母音〔ai〕を少し長めに、一段と大きな声で表現したに違いない。帰ってきたばかりで事情を知らないマイクにシカゴから来たという私立探偵の男への自

己の嫌悪感と警戒するようにとの注意をいち早く伝えるために eyes の強調となったわけであろうが、Halliday はこれを文字に表現しようとして eyes を Eyes と大文字で始める手段をとった。この方法は上で見てきたように強調のための機械的手段である。意図した程の効果を、ルーシーの切羽詰まった気持を、伝えることは期待できない。そこで、「語頭を大文字で始める」という文字表記上の行為を表わす動詞 capitalize に、her voice という本来 capitalize の主語になりえない名詞句を主語に据えることによって表現に意外性を出し、大文字 E の使用による習慣的な強調方法に活力を与えている。口びるをゆがめてマイクに訴えるルーシーの意地悪そうな顔の表情が想起されてくるから不思議である。しかし、これも大文字使用による強調方法と動詞 capitalize に her voice を主語としてもってきた意外性の相乗効果によるところが大きいのではなかろうか。もち論、Brett Halliday の文才に起因するが、陳腐な文体上の技巧にも工夫を加えることによってまだまだ思わぬ活力を引き出せる部分があることをあらためて認識させられるとともに、また、このような英語表現をどのように日本語に直すのか、同じく陳腐に点を打ったり、ゴチにしたりで対応していたのでは時代遅れの魅力のない翻訳にしか出来上がらないのではないかと反省させられた次第。

14. 通帳からお金を引き出す話

　先日、テレビを見ていたら、沖縄の海水浴場で米兵に話しかけられている若い日本人女性のグループが写しだされていたが、米兵に職業は何かと質問されたらしく、そのうちの1人が、"I am a banker." と答えていた。これには正直言って驚いた。多分、相手の米兵も20歳そこそこの小娘が"銀行家"とはこれまたびっくりしたことだろう。彼女は"銀行員"のつもりで答えたのだろうが、banker では"銀行員"にはならないのです。しかし、この女性の英語力を笑ってばかりはいられません。程度の違いこそあれ、似たような失敗をして気が付かないことが我々自身よくあるからです。そこで、banker が出てきたついでに銀行用語の英語について1例をあげて読者の注意を喚起してみたいと思います。

　さて、以下の引用英文は20世紀アメリカの女流作家、W．キャザー（1876〜1947）の短篇集の1つに収められている "*Paul's Case*"（「ポールの場合」、1905）からです。主人公ポールは度重なる不品行のためにハイ・スクールをやめさせられて、働きに出されますが、ある日、銀行へ使いに出された時に預ったお金をポケットに入れてあこがれのニューヨークへと逃げます。

Yet it was but a day since he had been sulking in the traces; but yesterday afternoon that he had been sent to the bank with Denny & Carson's deposit, as usual — but this time he was instructed to leave the book to be balanced.

There was above two thousand dollars in checks, and nearly a thousand in the bank notes which he had taken from the book and quietly transferred to his pocket. At the bank he had made out a new deposit slip. His nerves had been steady enough to permit of his returning to the office, where he had finished his work…. The bank book, he knew, would not be returned before Monday or Tuesday, ….

　会社に戻ったあとポールは仕事を済ませて、翌日土曜日まる１日の休暇まで申し込んでいます。どうやって会社のお金をポケットに入れてばれなかったのでしょうか。

　この作品は単純過去形と過去完了形が非常に巧みに用いられて書かれていますから、読解のために確実な文法知識が前提とされることは言うまでもありませんが、これ以外に銀行用語についての風物知識がないとポールの"手口"を十分理解できないことがあります。デニー・カースン商会の口座のある銀行（the bank with Denny＆Carson's deposit）にいつものように使いに出されたポールは小切手で２千ドル以上、銀行紙幣、つまり現金でほぼ千ドルの計３千ドル近くを銀行に預け入れに行くことになっていたわけです。いつもとちがうことは預金残高を計算し（to be balanced）てもらうために通帳を銀行に預けておくことでした。彼は途中で現金だけを抜き取ってポケットに入れてしまいます。"…which he had taken from the book"の箇所を間違える学生諸君が多いのですが、その原因は関係代名詞節の用法をよく把握していないことと、日本語の慣用表現、「通帳からお金

をおろす」に惑わされて、"通帳からおろしたほぼ千ドルの現金"としてしまうことです。これではポールはいつお金をおろしたのか説明がつかないし、いくらのお金を持ち逃げしたのかもわからなくなるのは当然のことです。「金をおろす」は take from the bank, take out of one's bank account です。次に、風物知識的なことですが、米国では大きく分けて預金口座には、利子なしで引き出しは小切手による当座預金口座 (checking account) と有利子で現金がいつでも引き出せる普通預金口座 (deposit account) があります。引用文中の後半に出てくる deposit slip (預金入金票) を用いるのは前者の場合ですから、ポールはこの会社の当座預金口座からは現金を引き出すことはできません。通帳にはさんであった現金を抜き取ったとする解釈の正しさはこのことからも保証されます。

　結局、ポールは小切手のみを預け入れるために新しく預金入金伝票を書き直して、小切手、通帳とともに銀行に渡して会社に帰ったのが事の一部始終と言う次第です。

　ちょっとした英語イディオムの読み違えや風物知識の不足から、少年の単純な"犯行"に気が付かず、大いに悩んだ学生諸君も多くいます。英語だけでなく、英米人の日常生活の様々な面にも好奇心をもっていただきたいものです。

15. どうちがうの？ cow, bull, ox

アメリカは西部のある町のレストランでのことです。rest room（手洗い）に駆け込んだばかりの若い女性が困った顔をしながらすぐに戻ってきて、「私はどちらの方を使用したらいいのかしら」と連れの男性にたずねました。実は牧畜業の盛んな土地がら、男・女を区別する Men, Women の代りに Heifer, Steer と表示されていたわけです。

語 'cattle' 誕生の歴史

牛を主に労働力として飼ってきた日本では、子うし、雄うし、雌うし、乳うし、種うしといった牛について使われる言葉で十分事が足りますが、英米人の主たる祖先であるゲルマン民族は元来遊牧・狩猟を事としており、英語には牛・羊・鹿などに関する言葉が多く残っています。

牛に関する言葉をとってみても、どうしてこんなに細かく表現しなければならないのだろうかと、英語を勉強しながら疑問に感じた読者諸君も多いことだと思います。しかし、英米人の生活と牛との密接な関係に注目すれば一見複雑に思われる牛の分け方も理由のあることがわかります。

農家が飼っている牛全体をまとめて cattle といいますが、この語はもともとラテン語の「あたま」を意味する caput から「富・財産」を意味する capitāl が生まれ、古代北フランス語を経て catel の形で英語に入ってきたものです。「動産」

を意味する英語の chattel〔tʃǽtəl〕とは兄弟関係になります。

　むかし、牛は飼う人々にとって大事な財産でしたから cattle が財産である牛全体をさすようになったのでしょうか。ところで、大事な財産である牛は生きものですから飼養管理が大変ですし、その上に商品としての経済的価値を高める必要がありました。一見複雑でやっかいきわまるように見える牛についての言葉も、この飼養管理、商品価値の二つの観点から分析してみると、非常にきれいに整理することができます。

　ox は馬・羊などに対して「牛」、cow は「雌牛」、bull は「雄牛」、calf は雌雄を問わず「子牛」と理解してよいと思います。牛の成長程度によって飼育の手間ひまのかかり具合も異なるし、雌・雄の違いによっても商品価値が異なってくることからもわかる通り、飼う人々にとってもこれらのことが大きな関心事であったことは想像がつきますね。

　さらに雄牛の場合、種牛として残される優秀なものを除いて、大部分の牛が去勢（castrate）されてしまったそうです。雄牛にとっては気の毒ですが、去勢をすると性質がおとなしくなり、集団飼養が容易に、肉質も柔らかくなって味の方も美味になります。

　この去勢された雄牛を bullock、（さきにあげた ox もこの意味で使われることがあります）、若い雄牛で去勢されたものを steer といいます。

　また、まだ子どもを生んだことのない若い雌牛を heifer〔héfər〕（発音に注意）といいます。さあこれで例の若い女性がどちらを使うべきかわかりましたね。もっとも、heifer

と steer の意味を知っていたとしても赤面して戻ってきたかもしれませんが。

「食べる牛に関してあれこれ」

次に、牛肉に関する言葉に話を移しましょう。豚（pig or swine）肉を pork、羊（sheep）肉を mutton ということを知っていましたか。牛（bull, cow, ox）の肉は beef, 子牛（calf）の肉は veal といいます。ここにあげた食肉の名称はそれぞれの動物をあらわす古いフランス語から来ています。何故こんなおもしろいことになったのでしょうか？実は 1066 年のノルマン人によるイギリス征服後、ノルマン人（現在のフランス人）がイギリス上流社会を形成し、敗れた当時のサクソン人（現在のイギリス人）はその下で使われて家畜の番人をさせられたことによると言われています。世界史で有名な the Norman Conquest が後世に残した影響のひとつといえるでしょう。

さて、厚く切った牛肉の切り身を焼いた料理と言えばもうおわかりでしょう。ビフテキのことですね。英語で beefsteak といいます。牛肉を最も重要な食糧源にしてきた欧米人にとって、牛のどの部分の肉がおいしいか、またいろいろな部分からとれる肉の調理方法や料理の種類がどれだけ大きな関心事であったことかは想像にかたくないと思います。

牛の肩から腰までの部分から上質な肉がとれます。このうち背の部分からとれる一番上等の肉が sirloin と呼ばれてい

ます。

　この肉をビフテキにした料理が sirloin steak（サーロインステーキ）、sirloin の下部の骨のない部分の肉が、fillet（ヒレ肉）で、châteaubriand（シャトーブリアン）という代表的なフランス料理はこの肉を大きく切ってビフテキのように焼いたものです。おしりの上部の肉を rump（ランプ肉）といい、小さなステーキやコールド・ビーフにします。

　ビフテキは英米人の誇りとするごちそうですが、朝、食べれば一日何も他のものは口にしなくても元気が持続するといわれる位エネルギー源としても珍重されています。

　しかし、牧畜王国アメリカでも牛肉の値段が高くなり、むかしのようにはひんぱんには食べられなくなったそうです。まして我々日本では一年に何回でしょうか（実にさびしい話です）。せめて焼き具合位知っておきましょう。十分に火を通してよく焼いたもの（筆者の好み？）を well-done、血が浸み出るような焼きの不十分なものを rare、両者の中間位の焼き方を medium といいます。また rare のことを主としてイギリスでは underdone と言うそうです。

　ビフテキは無理としても、同じ牛肉でできているコーンビーフなら毎日でも食べられますね。英語で corned beef といいますが、はじめてコーンビーフのかん詰をもらった人が、corn 一の部分を早とちりして、かん詰を開けたとき、トウモロコシがどこにも入っていないと文句をつけたとかいう話があります。corned は〔塩漬けの〕という形容詞で、corned beef は〔塩漬けの牛肉〕ということ、牛肉保存の一つの方法として考えられた食べものでしょう。

牛だけでも語りつくせない

　牛に関連した話題として、当然、ranch（アメリカ西部の牧畜場）、cowboy（牧童）のことにも触れなければなりませんが、これは別の機会にして、最後にひとつだけあげておきましょう。

　英語で書かれた現代ものの推理小説を読んでいると、meat wagon という言葉にお目にかかることがあります。食肉を運ぶ車のことと思ってはいけません。俗語として、救急車、霊柩車という訳をつけた英和辞典もありますが、「死体運搬車」といった訳をつけたらぴったりするような場合が多いようです。

　むごたらしい殺人事件の解決に追われ、人間らしい心をもっていては神経がまいってしまいそうな刑事のせめてもの抵抗が言わせるような表現に感じられて仕方がないのです。少し考え過ぎでしょうか。

　牛に関する言葉の出てくることわざをひとつあげておきましょう。Many a cow has an ill calf.（賢人の子賢ならず）。モーおしまい。

16. なんと"ヤキトリ"が英語だって！
—英語になった日本語あれこれ—

英語には外来語がドッサリ

　一つの言語が新しい事物の名称を他の言語から借用したり、その事物を表す外国語の名称をそのまま自国語の語彙の中に入れて使うことがあります。このような方法で自国語に入ってきた新しい語を外来語といいますが、英語ほど語彙を増やすために外来語を利用している言語はありません。日常の言語生活で用いられる基本的な語彙は今でも本来の英語で構成されていますが、例えば、take, die, wall, place, second, blue, they など、私達が日常の英語学習でよく目にする語の中にはもともと外来語であったものも多いのです。地理的並びに歴史的条件もありましたが、ラテン語、フランス語をはじめとして、オランダ語（cruise）、ドイツ語（kindergarten）、イタリア語（tempo）、ロシア語（czar）、アラビア語（alcohol）、トンガ語（taboo）、中国語（tea）など実に多くの言語から英語に入ってきています。

英語になった日本語はどれ位？

　ところで、日本語はどの程度、英語語彙の増加に貢献しているでしょうか（少し大ゲサかな）。
　日本と英国との交渉は 17 世紀初めの William Adams（三

浦按針）の漂着によって開始されますが、本格的な接触は1808年の英船フェートン号長崎入港以後となります。英語になった一番早い日本語として bonze[bɔnz]（坊主、僧侶）が記録されていますが、1588年にポルトガル語を経て英語になっています。17世紀に入って、dairi（内裏）、sake（酒）、shogun（将軍）、soy（醤油）、norimono（乗り物）、18世紀になると、mikado（帝）、shinto（神道）、kiri（桐）、torii（鳥居）などが見られます。19世紀半ば以降は数多くの言葉が英語に入るようになりましたが、それらの大部分は日本の事物、風俗・習慣に関するものに限られており、英米人の日本に対する関心がどこにあったかがわかります。以下、代表的なものを項目別にあげて解説を加えてみましょう。

項目別英語になった日本語

〔美術・工芸〕：netsuke（根付）、zogan（象嵌）、kakemono（掛け物）、Kutani（九谷）、Satsuma（薩摩焼）
〔芸能〕：kabuki（歌舞伎）、Noh（能）、gagaku（雅楽）、samisen（三味線）、koto（琴）、hayashi（囃子）、bonsai（盆栽）、chanoyu（茶の湯）、ikebana（生花）
〔文化・教養〕：kana（仮名）、hiragana（平仮名）、katakana（片仮名）、irofa（いろは）、haiku（句）、haniwa（埴輪）、Jomon（縄文）、Heian（平安）、Kamakura（鎌倉）
〔衣服〕：kimono（着物）、obi（帯）、tabi（足袋）、habutai（羽二重）、haori（羽織）、mon（紋）、geta（下駄）、zori（草履）
〔家〕：futon（蒲団）、fusuma（襖）、tokonoma（床の間）、

shoji（障子）、tatami（畳）、yashiki（屋敷）、ryokan（旅館）、koban（交番）――〔解説〕kimono は 19 世紀後半に英語に入っていますが、日本人の和服を意味する場合と、着物をまねて作られた化粧着（dressing-gown）としての「キモノ」の意味で現代英語の作品中に用いられていますから要注意の英語です。

〔食べ物〕：tofu（豆腐）、sashimi（さしみ）、sukiyaki, tempura, yakitori（焼き鳥）、fugu（河豚）――〔解説〕うなぎのかば焼き（grilled eel）はまだ英語辞典で目にしていませんが、yakitori はイギリスの新聞にも顔を出している立派（?）な英語です。"Let's have a drink at the yakitori restaurant tonight, shall we?"（今夜、いつもの焼き鳥屋で一ぱいどう?）なんて英語で誘われると日本人にはムードが出ないかな。また、fugu についてはアメリカ系のいくつかの辞典に出ていますが、ある有名な辞書は "... sometimes eaten in Japan with suicidal intent."（時々、日本では自殺するために食される）と日本の魚屋さんが知ったら怒りそうな説明をつけています。しかし、その後で出版されたニューヨーク・タイムス系の辞書では "a puffer fish, eaten as a delicacy in Japan…."とフグも delicacy（珍味）に出世し、魚屋さんを喜ばせています。

〔政治・社会〕：kuge（公家）、samurai（侍）、bushido（武士道）、ronin（浪人）、hara-kiri（ハラキリ）、tycoon（大君）、genro（元老）、新しいところでは、zaibatsu（財閥）、zaikai（財界）、habatsu（派閥）、kuromaku（黒幕）、Zengakuren（全学連）、honcho（ボス、hancho《班長》

から)、jinkai senjutsu（人海戦術）—〔解説〕ここでは hara-kiri, ronin, tycoon について述べましょう。上野景福先生の「英語の中に借用された hara-kiri と seppuku」という論文によれば、日本語の俗語表現であった「腹切り」が19世紀半ば、hari-kari として英語に入って以来、今日では英語の中の外来語として立派に確立しているそうです。ronin は主君を失くした失業武士の意味で19世紀後半に英語に入っていましたが、英国を代表する英語辞典の1つ、ショーターオックスフォード英語辞典（1973年版）はこの意味に加えて、"Now, a student who has failed a university (entrance) examination." を追加しています。我が国の厳しい大学受験競争もついにオックスフォード辞典に認められたという次第でしょうか。最後に、tycoon は1854年、米国のペリー提督と和親条約を結ばされた将軍、徳川家定が将軍の称号の説明のために「大君」（great lord）の意味の tycoon を使用したのが始まりとされています。その後、米国内で日本ブームが起こった際に tycoon は偉大なアメリカ人→金持の大実業家をさす言葉として用いられるようになったそうです。16代大統領 Abraham Lincoln は側近の人達から tycoon と親愛の情をこめて呼ばれたとも言われています。現在では、実業界の大立者の意味で、米国ばかりでなく、英国でも用いられています。hara-kiri と同じく日本語を代表する外来語と言えそうです。しかし、両者とも、日本語としてはあまり好まれた言葉でなかったことは確かなようです。

〔スポーツ〕：jujitsu（柔術）、judo（柔道）、karate（空手）、kendo（剣道）、aikido（合気道）、iaido（居合道）、kyudo（弓道）、から、dan（段）、dojo（道場）、nunchaku（ヌンチャク）、日英混淆表現の judoman, karate-chop ―〔解説〕judoka も英語にありますが、これは柔道の選手をさすのか柔道家をさすのか誤解を生じるので選手の意味では judoman がいいそうです。また、gaijin（外人）にも愛好者が多い sumo（相撲）に関しては yokozuna（横綱）、ozeki（大関）に加えて、basho（場所）も近年では堂々と英語に土俵入りしています。

〔宗教・思想〕：kami（神）、jinja（神社）、zen（禅）、zazen（座禅）、zendo（禅道）

〔その他〕：kuruma（車）、kago（駕籠）、jinricksha（人力車）、rickshaw（jinricksha の短縮形）、kaki（柿）、matsu（松）、aucuba（青木葉）、ginkgo（銀杏）、hechima（ヘチマ）、furoshiki（風呂敷）、tsutsumu（包む）、tsunami（津波）、itai itai（イタイイタイ病）、yusho（油症）、hibachi（火鉢）、etc.

　以上、各項目別に英語になった日本語を観察してきましたが、これらの語がまとめて１つの英語辞典に採用されているわけではありません。英米の辞典の編集者の方針や好みによって、採用されたり、そうでない場合もあります。go（碁）、gobang（５目並べ、連珠）はほぼ同じ時期に英語に入っているのに、英米ともに古い辞典には gobang はありますが、go は見出しに出ていません。逆に最近は gobang が姿

を消してgoが英米ともに採用されています。英国の遊びにnoughts-and-crosses（3目並べ）があって、gobangの方が親しみやすかったためでしょうか。ふと考えさせられました。それではsayonara.

17. "ハクション"は英語でAh-choo
—"音"を表す英語いろいろ—

言葉による"音"の再現

　自然界の色・音を、私たち人間は絵の具や楽器を用いて再現することができます。それには自然の色・音を可能なかぎり忠実に模倣したものから、受けた印象を自然の色・音と関係なく表現したものなど、さまざまな段階が見られます。しかし、自然の色・音をどんなに忠実に模写しようとしても、人間の器官の持つ能力の限界の問題や、絵には絵のための、音楽には音楽のための制約がありますから、人間の手によって再現されたものは人間的色・音にほかなりません。

　言葉を用いて自然の音を再現する場合にも同じことが言えます。つまり、音の再現に人間的な制約が課せられるわけですが、その上に言葉による音の再現には、言語が異なれば、自然界の同じ音であっても、表現されたものに違いが見られます。オンドリの鳴き声を日本語では「コケッコッコー」と表現するのに対して、英語で、"cock-a-doodle-doo"、ドイツ語で、"kikeriki"となっていることはよく説明として用いられるところです。

擬声語と擬態語

　ところで、自然界の音を言語的に再現したものを広義に、

擬声（音）語（オノマトペ）と言いますが、擬声語には、音を直接模倣したものから、音の与える感じを言語音声によって象徴的に暗示したもの、さらに、音のしないものを言語音声で表現したものまで、多くの言語表現が含まれています。

　音をたてないものを言語として表現する例としては、私たちの日常での心理生活が考えられます。驚いたり、悲しんだり、喜んだり、怒ったり、といった感情・心理状態を言語音として表現するものですから、音の模倣とは異なり、擬声語と区別して特に擬態語と別扱いすることがあります。そうすると、擬態語は英文法でいう間投詞とどう違うのかという疑問を持つ読者もいるでしょう。大ざっぱに言って擬態語は間投詞になりうる場合が多いとして次に行きましょう。

"音"の英語表現の３段階

　さて、英語はどのようにして音を言語として表現しているのでしょうか。大きく分けて３つの段階があります。

　(a) The boy pedalled his tricycle and fired an imaginary pistol, "*P-kuh, p-kuh, p-kuh!*"「その子は三輪車のペダルを踏み、ピストルを持っているまねをして、ピキューン、ピキューンと声をだした」（即興的、臨時的な表現で文脈や場面の助けを得て理解される。辞典には載っていない）

　(b) The horses' hoofs made a dull sound, *clop, clop, clop.*「（固く凍てついた雪の上を）馬のひづめがポクポクと鈍い音をたてた」（自然音を模倣した感じがでている。英語の語として辞典に載せられている）

(c) She rapped her pencil on the table.「彼女は鉛筆でテーブルをコツコツとたたいた」（自然音との感じは遠ざかっているが普通の英語、特に動詞として用いられることが多い）

　英語の擬声語、擬態語の用いられ方としては以上３つの方法があると理解しておけば十分でしょう。英語学習に際しては(b)、(c)のグループの語いを増やしていくことから始めればよいでしょう。しかし、(a)の表現には (b)、(c) にない新鮮な魅力があるので捨てがたく、また将来、多くの人の支持を得て、(b)、(c)のグループの一員に"昇格"していく楽しみを見つけることもできます。

　それでは次に、最近私が読んだコミックスから目についたものを解説しましょう。

人が発する音

(イ) 主として生理的現象を表現する擬声語：Ah-choo（ハクション）、Ahn-hum; ho-hum（アクビ）、Chomp-chomp（パクパク食べる音）、Crunch-crunch（ポップコーンなどを食べる音）、Gasp（驚いたりしてあえぐ時）、Glug-glug（ストローでジュースを飲む時）、Gulp（あわてて息を吸い込んだ時、異形 Ulp もある）、Hic-hic（シャックリ）、Humph[humf]（口をつぐんで鼻を鳴らす音、疑い、不快、驚きの感情表現）、Ouch（痛いっ）、Puff-puff（息をきらしてハーハー）、Sniff（鼻をならす音、軽蔑の感情表現）、Sob（すすり泣き、むせび泣きの音）、Zzzz（いびきの音）

（ロ）心理状態、感情を表現する擬態語：Ahem [mhm; əhém]（注意をひきつけたり、不満を示す時）〈例〉"Ahem, excuse me, please."「えへん、ちょっと失礼」、Bah [bɑː]（ある事柄についての怒り、嫌悪の情を示す時）〈例〉"Bah! What a fool that fellow is!"「ふん、なんてまぬけな野郎だ」、Eek [íːk]（驚きなどを表す）〈例〉"Eek! Hold me, Archie! I'm afraid!"「うわー怖い。アーチー、抱いて」、Heck [hék]（hell の婉曲語から、驚き、悲しみ、疲労などの時）「ちぇっ」、Oops [uːps]（自分のヘマに対する驚き、狼狽を表現）〈例〉"Oops! I've done it again!"「あれ、またヘマやってしまった」、Phew [pjuː]（強い感情、驚き、不快の念を表現）〈例〉"Phew, it's hot, isn't it?"「ちぇっ、暑いなあ」、Yipe [jaip]（苦痛、不快、警告などに用いられる）〈例〉"Yipe! Earthquake!"「ヒャー、地震だよっ」、Yippe [jipi]（喜びの表現。前の yipe とは意味が異なるから注意）。Yuck/Yuk. [jʌk]（強い拒否、不快の情を表す米語表現 yecch [jʌk] の異形）「ひぇー、おぇー」、〈例〉"Yuck! Who wants to work in a bank!"「おぇーだ、銀行なんかで働きたいやつなんているもんか」。

ところで、あるコミックス中に度々、驚きの感情を表す場面で、"Omigosh!" と発せられていました。他の箇所には "Ohmigoodness!" とありましたから、これで、"Oh! My Goodness!"「おやおや！」の異形であることに気がつきましたので、項目としては入れませんでした。

物が発する音

(イ) **グループ (a) に属する擬声語**：Boop-Boop-Boop（プッシュホンを押す音）、Bzzz（ブザーの音）、Bzzzt（感電した時の「ビリビリ」）、Fsst-Fsst（ストローでジュースを飲む音）、Glub-Glub（シェービング・クリームなどが容器から出る音）、Ding-a-ling（チャイムの鳴る音）

(ロ) **グループ (b)、(c) に属する英語表現**：Bam（金づちでたたく音）〈例〉"Bam！Bam！Bam！"上の例のように、(b)の擬声語は3回繰り返しで表現されるのが英語の習慣。(*cf.* 吉田一彦著『現代英語発見』）Bump（ドシンとぶつかる音、はねる音）、Crash（ぶつかって壊れる音、ガラスの割れるガチャン）、Clap（拍手の音）、Click（スイッチを操作する音）、Flip-flip（本の頁をパラパラめくる音）、Pow（なぐったり、袋が破れる音）、Slam（戸をバタンと閉める音）、Slap（ピシャリと打つ音）、Smack（バチンとたたく、ビューッと物を遠くへ投げる、あるいはキスをする音など、実によく使われている）。Smash（こなごなに壊す、ぶっつける、強打するなど、これもよく用いられる表現）、Snip-Snip（ハサミで紙を切る音）、Swat（ピシャリとたたく音）、Thud「ドサッ」、Thump「ゴツン」、Whack（強打する音）、etc.

ところで擬声語を扱う場合、どうしても欠かせないのが動物の鳴き声についてですが、紙数の関係で割愛せざるを得ません。またの機会ということにしましょう。"Roo-coo-coo-coo！*Roo-coo-coo-coo！*" sounded from the veranda. ── ── *Mr.*

and Mrs. Dove, by K. Mansfield.「ルー、ク、ク、クウ、ルー、ク、ク、クウ。鳴き声がヴェランダから聞こえてきた」。

18.「五月晴れ」英語で言うと…

イギリス人—2人会えば天気の話

　イギリス人が2人会うと先ずは天気の話をする、とは18世紀英国の文人ジョンソン大博士の指摘だけど、「今日はいいお日和で」とか「むし暑い日ですね」とか、我々日本人も天気に関する挨拶が好きですね。イギリス人が天気に関心をもつのは、降っているかと思えば晴れ、晴れているかと思うと降り出すといった英国の天気の変りやすさに原因があると言われています。一方日本人の場合は夏は高温多湿、冬は日本海側の大雪、太平洋側のからっ風、6月の梅雨、9月の台風といった気候の多種多様さ、区別のはっきりした四季ゆえに自然と天候に関心が向くんですね。所変れば品かわると言うけど、天候気候についてもこのことはあてはまるようです。

変りやすいのは女心と秋の空

　日本では変りやすい女心を秋の空にたとえて「女心と秋の空」と言われましたが、これが英語になると"Woman is as fickle as April weather."と、変りやすい英国の4月の天気が用いられています。同じく天気に関心を抱いていても気候・風土の相違、関心のもち方が異なるということを頭に入れておかなければなりません。

　ところで英語のweatherは日本語の天気（その時どきの

晴雨・気温・風の状態）と天候（ある時間にわたっての天気の状態）の2つの意味を持っていて、ある土地の長期間の天候状態を意味する気候のclimateとは区別されています。（例）That island has a tropical climate.（あの島は熱帯性気候です）。以下weatherに関係した日英両表現を調べてみましょう。

日本語の「本日は晴天なり」の「晴天」は英語ではその関心のありようによって、A. fine weather B. a cloudless sky C. a fine day の3つの表現で言えます（もちろんIt's fine today. も良い）。Aの「形容詞 + weather」（この場合、冠詞はつけないことに注意しよう）型の表現を使うと、bad (poor) ～（悪天候）、hot (dry) ～〔炎天（日照り）〕、rainy (cloudy) ～〔雨（曇）天〕、rough (stormy) ～〔荒天（しけ）〕、Bの「a + 形容詞 + sky」型で、a cloudy ～（曇天）、a cold wintry ～（寒空）、朝曇りは a cloudy sky in the morning 花曇りは a hazy sky in the flower season と言えます。Cの「a + 形容詞 + day」型では a rainy ～（雨天）、a sleety ～（みぞれ）があります。それでは我々が日常よく口にする日本的な天気の表現を見てみましょう。「快晴」は fair and clear weather、「日本晴れ」は ideal, glorious, beautiful といった形容詞を用いて glorious weather とか a glorious day, a clear sky と言います。「秋日和」は bright autumn weather、「秋晴れ」は a fine autumn day、「五月晴れ」は説明的に fine weather during the rainy season、「小春日和」は balmy autumn weather と工夫した言い方が出来ています。ここで、「小春日和」がでてきたついでに、

Indian summer と St. Martin's summer の表現も覚えておこう。アメリカの文学作品にもよくでてくる Indian summer は米国 New England 地方晩秋の一月余り続く好天気をいい、St. Martin's summer は英国で11月中旬頃のこれまた好天気のことを呼んでいます。余談ですが、昔、よく運動会で聞いた、「ただ今マイクの試験中！本日は晴天なり！」の名（？）文句は英語で "One-two-three-four-testing! Testing!" と言うそうですが、「晴天」はどこに行ったのでしょうね。

　温度、気温のことを英語で temperature と言いますが、この語は動物・人間の体温にも使われるから気をつけましょう。"What was the temperature like this morning?"（今朝の気温どの位あったの）"It's very warm for the time of year, isn't it?"（今ごろにしてはとても暖いですね）"Summer in Kyoto is hot and humid."（京都の夏はむし暑い）、寒暖、冷湿を表す言い方は日英ともそれ程違いはないようです。

暑さ寒さも彼岸まで

　ところで、「暑さ寒さも彼岸まで」と言われるように日本では3月の彼岸を過ぎると本当に春らしくなりますね。英語に直すと "No heat or cold lasts over the equinox." となります。イギリスでは本当に暖くなるのは5月過ぎで、この頃になると今までの不順な天候がうそのように安定し、草花がいっせいに咲き乱れる美しい景色が見られるそうです。これを Buds in May あるいは May flowers と言います。

　"The forecast for tomorrow is rain (snow)."（天気予報に

よれば明日は雨（雪）です）。ラジオやテレビの天気予報でよく耳にする表現ですが、それにしてもイギリスは実によく雨が降る国ですね。"No fine weather lasts for three days."（晴天三日無し）など雨天（rainy weather）に関した表現、雨の種類を表す単語が実にたくさん使われています。日本語の雨の種類を英語に直してもなかなか微妙な語感まで伝わらないことが多いのです。ぼやくのはやめていざ挑戦してみましょう。

　英語では「雨」は一般的な雨をさす rain と、長く降り続かない雨 shower に区別されています。a light (heavy) rain〔小（大）雨〕、a long rain（長雨）、a (drizzling/ foggy/ misty) rain（霧雨）、a passing rain（通り雨）、a spring rain（春雨）など。shower を使ったものには、a (sudden) shower（にわか雨）、a (n) (evening) shower（通り雨・夕立）等、（例）"I think we're going to have *a shower* any moment now."（いつ夕立が来るかわかりません）。"It's raining heavily (cats and dogs)."（どしゃぶりに降っています）。どれも何となくもの足らず、詩趣が感じられないのは仕方のないことです。さらに、時雨（しぐれ）は説明的に a shower in late autumn and early winter とか a late-autumn (early-winter) rain と訳されています。「初しぐれ…」の有名な俳句、英訳するとどうなるのかな。また、こぬか雨、霧雨、春雨の3つを我々は区別しますが、英語では a drizzle（米国では a dribble）がみんなまとめて引き受けてくれます（有難めいわくかな）。英米人の立場も考えましょう。中世英国の大詩人チョーサーの作品「カンタベリー物語」の「序詩」の冒頭

に出てくる April showers は「驟雨（しゅうう）」と漢語があてられて訳されていますが、にわか雨、夕立というより日本でいえば「狐の嫁入り」（日が照りながら降る雨）にあたるんだそうです。英語の雨の語句もなかなか日本語に直しにくいということですね。

雪に関しては…

次に雪に関する表現を見ておきましょう。a light (heavy) snow［小(大)雪］、a powdering snow（紛雪）、a light spring snow (fall)（春の淡雪）、初雪は the first snow of the season です。その他、sleet（みぞれ）、hai1（あられ）、frost（霜）もいいですね。この霜のことを擬人化して Jack Frost と呼ぶことがあります。例えば before Jack Frost comes（冬が来る前に）のごとく。

「風立ちぬ」と言えば堀辰雄の小説を思い出す人はどの位いるかな、今はもう聖子チャンの歌を思い浮かべるヤング諸君の方が多いのでは。「風」は風一般をさす wind と軽くさわやかな風をさす breeze に分けられます。a (strong / heavy) wind（強風）、a (spring / autumn) wind〔春(秋)風〕、「木枯し」は a cold wintry wind「からっ風」は a dry wind です。a (slight) breeze（そよ風・微風）、a light, balmy breeze は薫風といったところ。「春一番」は the first storm in the spring「野分」は a typhoon of early autumn「二百十日」は gale（烈風）を用いて、the great annual September gale と、ある本に出ていました。

それでは清らかに一句：
March winds and April showers
bring forth May flowers.

—英国わらべ歌より—

追記

初しぐれ猿もこみのを欲しげなり

——芭蕉——

The first winter drizzle
the monkey too seems to desire
a little straw raincoat

— translated by Miner & Odagiri

19. 英会話で使われる天気表現

　夏は暑いもの、冬は寒いものときまっていても暑ければ暑い、寒ければ寒いと口に出してみたくなり、少し長雨が続けば晴天を、カラカラ天気が続けば一雨来ることを話題にします。これが日本人だけの特徴かと思ったら間違いで、英米人も天気のことをよく口にします。かつて、アメリカのユーモア作家マーク・トウェーンの風刺に富んだ名言とされていた、Everybody talks about the weather, but nobody does anything about it.（天気について誰も口にするが天気をどうにかしようとする人はいない。─トウェーンと親交のあった C. D. Warner の言葉）が英米人に広く受けたところを見ると、彼らも天気について我々日本人とあまり変わらないようです。事実、雨空を見上げながらの A、B 2 人の次のような会話もこの Warner の言葉を知っていると気持ちが一層よく分かります。

　A：The sky is quite overcast. I think it's going to rain before long. B：That means our picnic's off. A：Rain every weekend. It's really terrible. B：Well, **what can you do about it?**（訳 A：空が真っ暗だ。まもなく雨が降るだろうな。B：ということはピクニックも延期か。A：週末になると雨が降るんだから、まったくいやになるよ。B：でも、**どうすることもできないだろう**）

天気は会話の潤滑油

ところで、私達は日常どんな時に天気のことを話題にするのでしょうか。天気そのものが会話のトピックスになる場合があります。病床にあって自分で天気を確かめられない時、あるいはこれから行く旅行先の天気を電話で確かめる時などです。

"How is it outside today?"（今日の天気はどう？）"How is the weather today?" "It's cloudy today."（今日は曇りですよ）

しかし、天気予報（the weather forecast）が発達した現在、この種の話題が会話の中で大きなウエイトを占めることはありません。天気の話題がもっぱら活躍するのは会話のきっかけを作ったり、会話を円滑に進める潤滑油として使われる場合です。よく言われるイギリス人は天気の話から会話に入るとはこのことをさしています。道ばたとか建物の廊下ですれちがう時など、ほんの一言、二言の天気表現が"難局"を救ってくれると思うことが少なくありません。いつでも気軽に口にすることができなければ意味がありません。天気予報官（weatherman）みたいに舌をかみそうな寒冷前線（cold front）とか熱帯性低気圧（tropical atmospheric pressure）がどうしたとか言う必要はなく、ごく日常的な天気である、晴（fine weather）、雨（rainy weather）、雪・霧（snow and fog）、風（windy weather）と寒暖（heat and cold）の代表的表現に習熟しておけば十分でしょう。

天気の表現形式

さて、上で私は会話において天気表現が用いられる場合を大きく2つに分けました。天気が会話の話題そのものと考えられる場合と、天気が会話の進行役を果す場合でした。英会話において用いられるこれらの天気表現を英語の表現形式の側から見ると、大きく2つの形式に分けられること、そしてこの2つの形式が上の2つの場合と対応していることがわかります。以下において、便宜上先ず後者の会話の進行役として用いられている場合から見ていくことにします。

Ⅰ① "It is a ＋形容詞＋名詞, isn't it ?"：
（例）"It is a nice day, isn't it?" "Yes, it certainly is."（「いいお天気ですね」「本当ですね」）

名詞としてdayの他にweather（aはつかない）、morning, evening、形容詞として好天気を意味するfine、lovely、あるいはglorious, beautifulが、悪天候用として、nasty, miserable, terribleが典型的なものです。また寒暖用として、cool、cold、hotがあります。単にNice day! Cold day! Hot day! A lovely morning, isn't it ?（「結構な朝ですね」）も言えます。またWhat a〜表現を使ってWhat a beautiful morning! What a beautiful day！も言えますが、この表現はロジャース・ハマシュタインのブロードウェイ・ミュージカル作品Oklahomaの名曲のタイトルになっているので、使うのに勇気がいります。またアメリカで店員がお客にやたらに言うのが"Have a nice day."これは天気表現ではなく、「ありがとうございました」の意味です。

② "It is ＋形容詞, isn't it?"：

（例）"It is hot and damp today, isn't it?" "It is indeed."（「今日は蒸し暑いですね」「まったく」）

　日本の夏は暑いだけでなく湿度が高いので外国人もこの蒸し暑さには閉口しています。そこで、単に hot だけでなく、humid, muggy あるいは強烈に steaming hot と使えば会話の雰囲気を盛り上げること保証つき。他に形容詞として、windy（風がある）、stormy（あらしの）、chilly（冷え冷えする）、dusty（ほこりっぽい）、foggy（霧の）、hazy（もやがかかった）、wet（じめじめした）があります。単に "Very hot, isn't it?" "Pretty chilly, isn't it?"（「かなり冷えますね」）とも言えます。以上のような表現形式で話しかけられたら例に示したように "Yes, it certainly is." "It is indeed." で答えればよいのです。相手もこの位の返事しか期待していないのですから。

Ⅱ 「文章」型：

　天気が会話の話題そのものになっている場合に用いられる型で、状況を説明したり、自己の判断や希望等が述べられます。決まった表現形式はありません。

（例）**A**：It's very hot today.
B：It is indeed. I think this is the hottest summer yet. I can't stand this heat. A：You seem to be very sensitive to the heat.（**A**：今日は暑いですね。**B**：まったく、こんなに暑い夏は初めてですよ。この暑さには参りますよ。**A**：そうとう暑がりみたいですね）といった具合に会話が進行します。

"I certainly hope this fine weather will last for a few days."（この好天気が少し続くといいんですが）とか"The sun seems to be fiercer today."（今日は日射しがきつい）などの表現も状況に応じて加えていくことができます。

ウイットに富んだ表現を

毎回同じ表現や形式を使っての会話も相手が同じ人だったりすると何となく物足りない気がしてきます。こんな時こそ、ウイットに富んだ表現やユーモラスな表現を使って、相手をびっくりさせたり、笑わせたりして点数を稼ぎましょう。有名な It's raining **cats and dogs**.（土砂降りですね）とか、It's nice weather **for ducks,** isn't it?（よく降りますね）などはいかがでしょう。

あるいは反対にこう話しかけられたら負けじと、Yes, it's nice weather **for fish.**（ええ、本当によく降りますね）と言えばどうでしょう。時代がかった表現ですが、使い方によっては大きな力を発揮することがあります。しかし度をこすと逆効果ということもありますから十分気をつけてください。

最後にもう一例。

"How's winter in Kobe?" "It's warm outside, but very cold inside the house."（？！）

20. キリスト教用語あれこれ

　卒業アルバムの写真を毎年、近くのカトリック教会をバックに撮っている女子大がありました。キリスト教系の学校でもないのになぜかと不思議に思っていましたが、わかってみればその理由は単純。教会が写っていると厳粛な雰囲気が出て、卒業の記念写真のバックとしてぴったりということでした。教会をファッションショーの小道具のように使うことに反対する学生がいたと聞いたこともありません。宗教は法事のときだけの形式と割り切っている人も多いわが国のことですから、このような例など驚くほどのことではないのかもしれません。よく言えばおおらか、悪く言えば無神経というのが宗教に対する日本人の平均的態度を表わす表現ではないでしょうか。

　しかし、この無神経さで欧米諸国の宗教に対してはいけません。欧米諸国の社会がキリスト教の土台の上に成立しているばかりでなく、キリスト教内部の宗派の相違が礼拝の形式はもちろんのこと、個人の生活様式の上まで大きな影響力を及ぼしていることも珍しくないからです。同じことはキリスト教で用いられている用語に対してもあてはまります。聖職者を意味する英語を、どれも「牧師」ですませて涼しい顔をしている人はいませんか。用語の相違は各宗派の教義や信条を主張する重大な意味を持つことが多いのです。

　以下、英語作品を読む際によく出てくるキリスト教関係の表現のうち、みなさんが知っておくことが望ましいと思

われるものを取り上げてみましょう。ローマ教皇（法王）を首長とするローマ・カトリック教会は、聖職者の身分として、上から、bishop（司教）、priest（司祭）、deacon（助祭）etc. 教会の維持運営のための職制として、Pope（教皇）、Archbishop（大司教）、Bishop（司教）etc. の位階制をとっています。father（神父）は司祭（priest）を敬って呼ぶ語です。世界史の授業に出てくる16世紀ヨーロッパの宗教改革運動の結果生じた反カトリック思想の教会や宗派は、まとめてプロテスタント教会と呼ばれています。プロテスタント教会においては一般信者と区別された聖職者という身分の概念はありませんが、信者の指導をする「牧師」の教会内の身分としてminister（教師）があります。ministerのなかで、教会や教区の管理運営を任された者をpastor（牧師）と言います。

　プロテスタント系でありながらローマ・カトリック教会の制度を多く残しているのが英国国教会（Church of England）です。16世紀前半、英国王ヘンリー8世は政治的理由からローマ教皇による支配を否定し、自らアングリカン・チャーチ（Anglican Church）の首長になって国教会（Established Church）を組織しましたが、エリザベス一世の時代に名実ともに英国国教会としてその地位を確立しました。一方、この英国国教会に従わなかったプロテスタントの教会や宗派は非国教会派（Nonconformists）と呼ばれています。

　さて、英国国教会は君主を首長として持つことは説明しましたが、実質的にはArchbishop（大主教）によって監督された教会組織を持っています。イングランド南半分にあ

る diocese [dáiəsis]（監督管区）を監督する Archbishop of Canterbury（カンタベリー大主教）と北半分の diocese を監督する Archbishop of York（ヨーク大主教）の２者によって統轄されているわけです。各 diocese には数十の parish（教区）を含み、各教区にはひとつの church（教会）があります。各教会には管理者がいますが、このうち、教区の総収入の10分の１税（tithe）を受給できる教会主管理者を rector と言います。rector が村長などの非聖職者の場合、彼は俸給を払って教会主管者代理として聖職者を雇いますが、これが vicar（牧師）です。curate（牧師補）は rector や vicar の下で働く下級身分の聖職者です。また聖職者の資格を持つ rector を parson（= parish priest [教区牧師]）、parson 以下の聖職者を clergyman と総称します。非国教会派の「教会」は church でなく chapel が用いられ、英国国教会の clergyman に対して minister が用いられています。どちらも「牧師」と訳されていますが、カトリック教会は牧師の表現は用いず、「神父、霊父、司祭」です。

　その他、宗派、教会によって、多少の表現の違いのあること、priest と clergyman がキリスト教ばかりでなく他の宗教の聖職者にも使われることを指摘しておきたいと思います。

21. スコット・キング氏とアスカム

　イギリスの作家、イヴリン・ウオーに*「スコット・キングの現代ヨーロッパ」という奇妙な題名の短篇小説がある。イギリスのある一流半の学校で20年間、古典語の教師をしている主人公スコット・キング氏は1946年の夏休み直前、ニュートラリア共和国から同国で催されるベロリュウス300年記念祭への招待状を受け取る。第二次大戦直後のみじめな生活状況から少しでも脱出しょうと、出かけた彼は同国の政治的陰謀に利用され、さまざまな目にあいながらも、無事イギリスに戻り、何事もなかったように新学期をむかえる。はじめてこの小説を読んだのは大学二年の英語の授業であったが、知らない単語が多くて予習にひどく時間がかかったことと、仮空の国、ニュートラリア共和国がどの国を諷刺したものか等と友人と議論をしたことが記憶に残っているくらいであった。大学で教えるようになってから、この小説を授業のテキストに使って読み返してみたが、学生時代にはあまり抱かなかったところに興味を覚えた。スコット・キング氏はかつて、ドイツ・ライン河で過ごした休暇のおり、ハプスブルグ帝国の一部をなしていた平和な王国の一詩人、ベロリュウスが書いたラテン語の詩の復刻本を手に入れ、さえなかった詩人に人間的共感を覚え、この詩の注釈や、英訳を試みる。死後300年が近づいた機会に、15年間の最後のつきあいの記念に学識を傾けて書いた論文が、ニュートラリア共和国への招待となる。300年前の人間との個人的つきあいというロ

マンと招待旅行という打算（個人的願望）—。

　ところで今から10年位前、私は早稲田の古本屋で、ケンブリッジ版のアスカム著作集一巻を買った。アスカムについて知っていることは（英語学の史的研究の論文に作品が材料としてよく使われていることはずっと後になって知った）、専門としている16世紀英語散文のテキストであるというだけだった。それから1年位して、演習のレポートの材料をさがすのに苦労していた時、アスカムのテキストを思い出して、とにかく内容はそっちのけにして、動名詞表現をカードに取り始めた。それ以後、夏休みになると毎年、この本を拡げてカードを取ってきたが、このカード取りを始めて間もないころに、上記の「スコット・キング」を読んだ。ロマンと打算に刺激されて、語学的研究から、少しずつアスカムの文学的研究へ、陰謀渦まいたエリザベス女王支配下の政界を生き抜いたアスカム自身についての人間的考察へと関心が高まった。「もう死んでから300年たっている人間でもその人間と親しく付き会ったのならば、何とか義理が生じる」とスコット・キング氏は感じて、四千語の論文を書いた。アスカムはもう死んで400年になる。親しく付き会い始めてまだ日も浅いが、何とか義理を感じる今日この頃、どのようにして義理を返すべきか。

　※ *Scott-King's Modern Europe* (1947)

追記

　1992年夏、私はアスカムの生誕地とされるノースアラトン（Northallerton）を訪ねた。幸い、スコット・キング氏のように政治的陰謀に利用されることもなく、無事に日本に帰ってこられた。

初出一覧

PART I
1. "コミュニケーション論とアイデンティティ"「コミュニケーション論の視座」　『国際文化学研究』創刊号、神戸大学国際文化学部、1994年3月
2. 米国の大学図書館で考えたこと　「神戸大学附属図書館報」春季号、2000年4月
3. メルヴィルとボストン版シェークスピア全集—アメリカ出版文化小論—　Kobe Miscellany No. 23、神戸大学英米文学会、1998年4月
4. メルヴィルの複合語について　Kobe Miscellany No. 15, 神戸大学英米文学会、1989年3月
5. 『スタンダード和英大辞典』と編著者竹原常太—英米文化の受容と日本—　『交流する文化の中で』、大手前大学公開講座講義録、2005年3月
6. 固有名詞を先行詞とする関係詞節—序—　『論集』19号、神戸大学教養部紀要、1977年3月
7. 関係詞節の用法に関する覚え書き　Kobe Miscellany No. 10、神戸大学英米文学会、1981年3月
8. Ascham における関係詞節構造　Kobe Miscellany No. 9、神戸大学英米文学会、1980年7月
9. Roger Ascham の言語— lnfinitives —

PART Ⅱ

1. 関係詞節の2用法　『話題源英語　上』、とうほう、1989年5月
2. 語彙は英語の4技能の土台である　「別冊 The English Journal 英語をモノにするためのカタログ'83」、アルク、1983年4月
3. 指導技術再評価の変形理論　現代英語教育　6月号、研究社、1971年6月
4. 高校における変形文法応用の効果　現代英語教育　5月号、研究社、1970年5月
5. if がなくても"仮定法"　百万人の英語　11月号、日本英語教育協会、1982年11月
6. からだの英語大研究　百万人の英語　3月号、日本英語教育協会、1985年3月
7. 英語表現と日本語　「月刊ほんやく」、No.88、日本翻訳技術協会、1983年2月
8. ある同格表現について　「月刊ほんやく」、No.89、日本翻訳技術協会、1983年3月
9. 英語と同語反復　「月刊ほんやく」、No.90、日本翻訳技術協会、1983年4月
10. 動作表現の意味　「月刊ほんやく」、No.91、日本翻訳技術協会、1983年5月
11. 「We are a B」表現について　「月刊ほんやく」、No.92、日本翻訳技術協会、1983年6月
12. 日英句読点の原点　「月刊ほんやく」、No.93、日本翻訳技術協会、1983年7月

13. 大文字と強調　　「月刊ほんやく」、No. 94、日本翻訳技術協会、1983年8月
14. 通帳から金を引き出す話　　「月刊ほんやく」、No. 95、日本翻訳技術協会、1983年9月
15. どう違うの？ cow, bull, ox 英語の名称に気をつけよう　　百万人の英語　8月号、日本英語教育協会、1981年8月
16. なんと"ヤキトリ"が英語だって！－英語になった日本語あれこれ－　　百万人の英語　5月号、日本英語教育協会、1983年5月
17. "ハクション"は英語で Ah-choo "音"を表す英語いろいろ　　百万人の英語　2月号、日本英語教育協会、1984年2月
18. 「五月晴れ」英語で言うと…　　百万人の英語　5月号、日本英語教育協会、1982年5月
19. 英会話で使われるお天気の話　　百万人の英語　2月号、日本英語教育協会、1988年2月
20. キリスト教用語の基礎知識　　高校英語研究　9月号、研究社、1982年9月
21. スコット・キング氏とアスカム　　「広報」56号、神戸大学教養部広報委員会、1980年3月

著者略歴

稲積　包昭（いなづみ　かねあき）
鹿児島県指宿市に生まれる。東京大学文学部英文専修課程修了。同大学大学院人文科学研究科修士課程修了。現在、大手前大学教授。英語学専攻。主な著訳書に、『要説英文法』（共著、成美堂）、*A Melville Lexicon*（共編著、Kaibunsha Shuppan）、『一分間英文法活用事典』（共訳、北星堂）、『性差別をしないための米語表現ハンドブック』（共訳、松柏社）、その他。

英語研究のバックロード　　　　　　　　　　　　　（検印廃止）

2008 年 3 月 25 日　初版発行

著　者	稲　積　包　昭
発行者	安　居　洋　一
印刷・製本	モ　リ　モ　ト　印　刷

〒160-0002　東京都新宿区坂町 26 番地
発行所　開文社出版株式会社
TEL 03-3358-6288　FAX 03-3358-6287
www.kaibunsha.co.jp

ISBN 978-4-87571-581-8　C3082